너희는
내가 나그네였을 때에
맞아들였다.
(마태 25,35)

너희는
내가 나그네였을 때에
맞아들였다.
(마태 25, 35)

엔조 비앙키 지음 | 이용권 옮김

가톨릭동북아평화연구소

남자, 여인 그리고 아이.
빵을 찾아가며 우리가 맞아들이기를 꿈꾸는 이들,
이방인으로서 지중해의 물속에서 죽음을 맞이한 그들.
그들이 그 바다를 사랑하고,
그 바다를 '우리 바다'라고 느끼기를.
내가 그 바다를 나 자신처럼 느끼고 사랑하듯이.

이방인은 너를 이방인으로 만들어서
네가 너 자신이게 한다. 〔…〕
우리를 이방인과 갈라놓는 그 거리는
우리를 우리와 갈라놓는 그 거리와 같다.
그와 마주한 우리의 책임은
그러므로 우리가 우리 자신에 대해 갖는 책임이다.
그러면 그의 책임은?
우리가 지는 책임과 같다.

에드몽 자베스(Edmond Jabes)

이방인은 무엇으로도 대체할 수 없는 자이며
동시에 그 없이 사는 것은
더 이상 사는 것이 아닌 그런 자이다.

미셸 드 세르토(Michel de Certeau)

머리말

이방인, 이주민. 우리는 매일 그들이 우리 곁에 있다는 것에 대해, 그들과 맺고 있는 난해하고 불가피한 관계에 대해 말하는 것을 듣고 있습니다. 이것은 거대한 실제 현상으로, 때로 정치적 토론에 등장하기도 하고, 신문 기사에서 부풀려지기도 합니다. 하지만 수 세기 전부터 이민의 땅이 된 우리 이탈리아 입장에서 보면 무엇보다 새로운 문제입니다.

이방인 비율이 놀랍게 증가한 전대미문의 이 현상은 우리의 사회 복지에 문제를 일으키고 있습니다. 이 현상이 일으킨 다양하고 때로 모순적이기까지 한 반응 중에서 인간과 시민 사회(polis)에 봉사하는 그리스도교인의 자세에 대해 살펴보고자 합니다.

그리스도인은 사실, 낯선 것과 이방인을 맞아들이는 데 있어 충분히 "전문가"가 될 수 있습니다. 역사적으로 그들은 '이방인'이라는 명칭을 지녔고, 스스로도 오랫동안 자신을 그렇게 이해했기 때문입니다. 그들은 언제나 이빙인과 순례자, 여행자를 맞아들이는 것을 자신의 윤리의 중심에 두었습니다. 그들의 주님이 "너희는 내가 나그네였을 때에 따뜻이 맞아들였다."(마태 25,35) 하시며, 그러한 이들과 자신을 동일시했기 때문입니다.

아무튼, 오늘날 그리스도인은 이 문제와 마주해서 다른 어떤 이들보다도 더 기존의 답들 뒤로 숨어들 수 없습니다. 역사 안에 뚜렷이 등장한 이 문제와 마주해 그리스도인에게는 창의성과 과감함, 그리고 동시에 신중함과 지혜로움이 요구됩니다. 그러므로 그리스도인은 무엇보다 먼저, 즉각적이고 어디서든 통할 수 있는 해결책에 만족하려 하지 말고, 성경에서 영감을 얻어야 합니다.

한편 한 가지 유혹이, 가톨릭 신자 중에서 훌륭하게도 이방인을 맞이하는 데에 최전방에 나선 일부의 사람들을 위협하고 있습니다. 이 유혹은 '본성(caractère)은 누구나 다 같다'는 것입니다. 이 유혹은 우리의 경계에 찾아온 이들을 맞이해, 언제 어떤 상황이든 하나의 맞아들임의 기준을 적용할 것을 요구합니다. 그렇지만 우리는 역사가 우리에게 가르치는 것에 늘 깨어 있습니다. 곧, 언제나 빵이 가난한 이들을 향해 가는 것이 아니라 빵을 향해 가는 것은 대개 언제나 가난한 사람들이라는 것입니다. 마찬가지로, 우리는 하느님 앞에서 그리고 인권의 보편성 앞에서 모든 인간의 근본적인 평등에 대해 언제나 더 깨어 있습니다. 그렇다고 이것이 이주민들과 관련해서 무비판적이거나 무제한적인 수동적 맞아들임을 수행한다는 의미는 아닙니다. 누군가에게 머물 곳, 음식(빵), 옷가지, 그리고 무엇보다 주체성과 존엄성을 제공하지 못하면서 그를 우리 사회로 맞아들인다는 것이 윤리적으로 옳은 것입니까? 맞아들임은 위급한 상황에 도움을 주는 것으로 축소되지 않습니다.

 맞아들임에 한계가 있음을 인식해야 합니다. 이는 자신의 행복 속에서 자기들끼리만 어울려 그들과 유사한 고통을 받는 이들에게 눈과 마음을 닫은 이들의 이기주의에서 나온 한계를 말하는 것이 아니라, 다른 이들에게 "자리를 만들어 줄 수 있는" 현실적 능력이 주는 한계를 말하는 것입니다. 이는 주관적인 한계로, 신중한 협약과 세밀한 의지를 통해 확장될 수 있습니다. 그럼에도 언제나 한계는 있습니다. 물론, 누군가를 거부하기 위한 기준이 이데올로기적 판단으로부터 영향을 받거나, 그들이 속한 종교나 그들을 맞아들이는 시민들과의 최소한의 '외모의 최대 유사성'에 기초해서 이주민 중에서 누군가를 선택하려는 데서 영향을 받아서는 안 됩니다. 이러한 사람들, 그리스도인도 마찬가지로, 이 선택이라는 형태의 세이렌의 유혹에 자신을 내맡긴 이들은, 오래됐지만 언제나 그 가치가 살아있는 성 암브로시오의 다음의 경고를 기억해야 할 것입니다! "손님을 고르는 것은 환대를 타락하게 하고 헛되게 하는 것이다."

그렇지만 이것은 확실합니다. 그리스도인이든 비그리스도인이든 우리는 '시민, 이방인, 환대'라는 카테고리에 대해 다시 생각해야 합니다. 이것은 단순한 논리적 활동이나 추상적인 법적 카테고리들을 따져보자는 것이 아닙니다. 이는 '우리의 공적인 시민 생활의 의미에 대한 반성'과 연결되는 것입니다. 우리가 우리 사회에 열리길 바라는 경지에 대한 것이며, 우리와 뒤에 올 세대의 삶의 질에 대한 것입니다.

그리스-로마 세계에 등장하는 순간 그리스도교는 지배 문명으로부터 멸시와 적대, 박해까지 받아야 했습니다. 당대 문명은 그리스도인의 '다름', 곧 유다적 모태와의 관계에서가 아니라, 배타성을 요구하지 않는 모든 신을 받아들이고 또 그와 같아질 준비가 된 이방인의 종교심과의 관계에서 자신들의 자리를 찾는 그리스도인들의 판이한 방식을 받아들일 수 없었습니다. 하지만 이 새로운 종교는 자기 차례가 되자 매우 빨리 지배 문명이 되었습니다. 이 종교는 '그리스도교 문화'의 이천 년 동안 사회와 자신을 동일시해왔습니다. 이 문화도 재건을 위한 다양한 요동이 없던 것은 아니지만, 지난 2세기 동안 그 끝에 다다르고 말았습니다. 그래서, 오늘날 그리스도인이 '이방인'이라고 말하고 그 이방인이 우리 사회와 문화에 동화될 최소한의 여지가 있는지 판단하고 있는 그 순간, 그들은 우리가 베드로의 첫째 서간에서 보는 '이방인과 나그네'라는 표현이 본래 그들 자신이 주변의 사고와의 관계에서 그만큼 낯설고 '다르다'는 것을 명확하게 특징짓는 말이었다는 것을 망각하고 있는 것입니다.

이것을 부정하기는 어렵습니다. 이 원리는 세상과 역사 안에서 그리스도인의 존재에 영감을 주었던 것으로, 적어도 서양에서 그리스도교 신앙과 사회, 정치, 경제, 제도 전체로서의 '그리스도교 세계'를 태어나게 한 문화의 공생을 구체화했던 몇 세기를 지나면서 망각의 나락으로 떨어졌습니다. 아무튼, '세상에 속하지 않으면서 세상 안에 속하는'(요한 17, 11-16 참조) 것으로 복음이 규정하는 '이방성'이라는 조건은, 이전에 그리스도교화된 나라들에서조차 소수로서의 자신의 상황을 재인식해야 하는 그리스도교를 위해서 오늘날 다시 중요하게 되었습니다. 더구나 이스라엘이라는 밑동에서의 탄생에서부터, 교회는 자신이 '민족들'('민족들'은 이방인을 규정하는 성경 용어이다) 가운데로의 유배라는 부르심을 받아 이곳에 자리하고 있음을 알고 있었습니다. 이 부르심은 교회가 자신을 어떤 종족으로 규정하거나 어떤 유일한 문화나 고정된 사회 문화적 형식으로 자신을 축소하지 않도록 끊임없이 밀어붙이고 있습니다. 그러므로 "토착화"의 능력, 곧 적용 능력, 비판적 공생의 능력이, 신앙과 내적인 일치를 보존하면서도 다양한 방식으로 변주하는 그리스도인의 증언을 받아들이고 역사적 변천과 드넓은 지리적 경계들에도 불구하고 신앙인들 간의 상호 인식을 가능케 한 것은 아닌지 자문해야 합니다.

만일 우리가 이 이방인 신분의 차원을 다시 발견한다면, 우리는 소속과 다름, 연대와 다양성, 공동의 시민 생활과 타자성〔他者性〕사이를 논리적으로 뒤집을 수 없는 적확한 방식으로 따지는 데에 도달할 것입니다. 다른 한편, 기본적인 인간 경험은 우리가 '우리 자신에게 이방인'이라는 것을 보여 줍니다. 이는 이방성〔異方性〕을 인간 구성의 차원으로 규정하고 있는 20세기의 문화, 정신 분석에서 철학까지, 문학에서 시에 이르기까지의 다양한 목소리가 하나가 되어 우리에게 상기시키는 것입니다.

그러므로 이방성은 교회 편에서도 마찬가지로, 문화적 양식들이 잠정적이며 일시적이라는 것을 말합니다. 이것은 '진리'의 차원, 곧 개인을 넘어서고 누구도 소유할 수 없는 이 차원을 자신에 대한 정의들과 구분할 것을 요구합니다. 제2차 바티칸 공의회는 다른 종교도 '모든 사람을 비추는 참 진리의 빛을 반영하는 일도 드물지는 않다.'〔「비그리스도교와 교회의 관계에 대한 선언」(Nostra aetate), 2항]는 것을 상기시켰습니다. 이 '진리의 씨앗들'이 존재한다는 것을 발견하고 이방성을 살아낼 때 교회는 스스로가 자신을 한없이 넘어서면서 자신이 "하느님 나라"라고 명명한 것을 선포하고 드러내는 "씨앗"이라는 것을 자각할 수 있을 것입니다. 그리스도교 메시지의 선포는 복음 선포자의 '탈문화화'가 복음의 '문화화'를 동반하는 변증법적 논리 속에서 발생하게 될 것입니다. 그래서 타인은 그가 원하든 원하지 않든 '나의' 유일하고 보편적인 진리로 이끌려야 할 단순한 '대상'이기를 그만두고 '자신의' 진리와 함께 자신의 단일성 안에서 받아들이는 '주체'가 될 것입니다. '나의' 고유한 진리를 식별하는 것은 그러므로 타인 없이는, 적어도 타인과 부딪치지 않고는 이루어질 수 없습니다. 이 진리는 법적인 카테고리들이나 교의적 단언들 안에 가두어 둘 수 없습니다. 이 진리는, 우리가 '주인'으로, 감각의 유일한 소유자요 진리의 주인인 양 행동하기를 거부했기에 일종의 이해, 일종의 적절한 교류가 구체적으로 가능하다는 것을 발견하게 되는 다른 주체들, 곧 이방인들 간의 만남을 통해 역사 안에 자리 잡을 수 있습니다. 모든 그리스도인에게 진리, 윤리적 선과 악의 인식은 언제나 제한적이며 상대적인 것으로, 이 주제에 있어, '타인'은 진리의 적대자가 아니라 오히려 상호 질문하고 연구하고 심오하게 만들기 위한 기회입니다.

아마도 이방성에 대한 질문은, 우리에게 보이듯이 각자 자신의 세계에 틀어박혀 있는 이 시대에 신앙인이나 비신앙인이나 이 이방성에 관심을 갖고 검토하기를 요구할 것입니다. 모두가 '이방인'이라는 것을 알고 느낀다는 것은 우리가 타인을, 그의 등장이 일으키는 문제로 그의 인격을 축소시키지 않고, 그 사람의 인격 전체로서 그 복잡함 안에서 이해하도록 해줄 것입니다. 오늘날 모두에게 '도전'은 배제나 거만과 자기만족이 아닌, 들음과 만남, 곧 '친교라는 의미에서 진리와 타자성을 연결하는 것'으로 구성되어 있습니다. 우리가 이 도전에 다가가면 거대한 유혹이 있을 것입니다. 이 유혹은 자기 자신을 '규범'으로 삼고서, 메시아 사상이 저물고 일반인의 윤리가 설득력을 얻어내는 시대에, 그 시대의 사회를 이끄는 이들로 인정받기 위해 여러 압력을 가하는 것이 계속 옳다고 하는 것입니다. 이 유혹을 그치게 하는 것은, 로비라는 전형적인 방법과 전략을 사용하는 압력 단체의 영향을 받는 논리나, 견고한 요새의 잔해들 속에서 좋은 시절을 기다리며 오만과 정예라는 의식에 갇혀 자신의 확신을 강요하는 '다수'의 논리를 대체하도록 이끌 것입니다.

그렇습니다, 오늘날 그리스도교 신앙에 대한 과도한 향수가 나타나고 있습니다. 특정한 의도와 특정한 유린이 새로이 등장하고 있습니다. 사람들은 그리스도교가 제시하는 실재들을 강요하려고 합니다. 그런데 역사 안에 그리스도인을 '이방인이요 나그네'로 자리매김하는 하느님의 말씀 자체가 세상의 정치적 모델들 위에 그리스도인의 존재를 세우지 말라고 요구하고 있습니다(루카 22,25-27 참조). 그리스도인에게 있어 역사 안의 현존은 '종말론적 유보', 곧 그리스도인의 신원을 구성하는 요소이며 우상에 반대하는 실천의 기초인 '새 하늘' '새 땅'을 깨어 기다림을 드러나게 하는 것입니다.

그리스도인의 신원은 해방, 정의, 평화의 특별한 계획이나 그리스도교에 의해 태어난 문화와의 동일시로 축소될 수 없습니다. 그리스도인의 자리는 인간을 동반하는 데에 있습니다. 그리스도인은 자신들의 수장이며 주님이신 분이 두려워하지 말라(루카 12,32)며 그들을 '어린 양들'이라고 부르며 초대했다는 것을 상기함으로써, 인간(사회적 계획 수행에 있어 다른 이들보다 더한 것을 보장해주는 어떠한 타이틀도 제외한)과 솔직하고 오만하지 않게 대화할 수 있을 것입니다. 자, 이것이 자신의 신원에 대해 자부하지만 절대 오만하지 않고, 복음을 선포하는 것을 절대로 포기하지 않으며, 성 바오로가 상기시키듯이 "모든 사람이 믿음을 가지고 있지는 않기 때문"(2테살 3,2)에, 그 결과는 자신의 바람에 달려 있지 않다는 것을 의식하는 소수가 겪는 일상의 현실입니다.

'이방성에 대해 깨어 있는 책임과 환대라는 신뢰할 수 있고 풍요로운 실천을 향한' 길의 방향을 잡기 위해 나는 역사적 틀 안에서 몇 가지 실마리를 제시하고자 합니다. 나는 출발점을, 그리스도교 신앙의 고유한 문서 유산이 주는 것에서 시작해서 네 단계로 나누었습니다. 먼저 성경에서 '이방인'에 대한 핵심을 다룹니다. 이는 이 '신분'이 하느님의 백성에게 고유한 것으로 그들이 아직 '약속의 땅'을 소유하지 못했을 때 또는 그들이 그 땅에서 유배 갔을 때, 그 시기에 이스라엘 땅에서 기본적인 것이 완전히 상실된 것이 아니었으며, 반대로 같은 공간에서 머무는 이방인과의 관계를 규정짓게 하는 기준이 되었다는 사실의 증거를 대기 위한 것입니다. 이방성은 또한 나자렛 예수와 이스라엘 땅과 지중해 지역의 민족들 사이의 디아스포라에 있던 그의 첫 제자들에게 고유한 여러 개념 중 하나입니다.

나의 두 번째 고찰은 주님께서 심판의 날에 대해 말씀하신 경고의 가르침에 자리하고 있습니다. 이 경고의 가르침은 이방인에게 환대를 베풀었는가 아닌가〔"내가 나그네였을 때에 따뜻이 맞아들였다."(마태 25,35)〕를 주님 앞에서의 분류 기준 중 하나로 놓고 있습니다. 나는 이 이방인과 주님 사이의 동일시를, 유다교의 전통과 그리스도교 전통에서도 환대의 패러다임의 역할을 하는 마므레의 참나무들 곁의 아브라함에서부터 출발하여 분석하려고 합니다. 신약성경은 나중에 이를 다음과 같이 반향하고 있습니다. "손님 접대를 소홀히 하지 마십시오. 손님 접대를 하다가 어떤 이들은 모르는 사이에 천사들을 접대하기도 하였습니다."(히브 13,2)

세 번째 단계에, 나는 앞선 성경이 주는 것들에 하나의 차원을 덧붙이고자 합니다. 이 차원은, 내 생각에 대체 불가한 것으로, 문학과 철학, 그리고 심리학에도 빛을 비추어 주는 것입니다. 바로 이방인은 우리 가운데에 언제나 있다는 것입니다. 그러면 왜 이방인과 마주치는 것입니까? 왜냐하면, 인간은 서로에게 전적으로 이방인이기 때문입니다. 그리고 그리스도인으로서 덧붙이자면, 하느님께서는, 당신의 그리스도와의 밀접성[1] 안에서조차도 이방인으로 당신을 계시하시기 때문입니다.

이러한 성경적이고 인간학적인 기초들의 빛으로, 나는 끝으로 '맞아들임의 도덕률(deontology)'을 위한 몇 가지 요소들을 제시할 것입니다. 나는 문화적, 경제적 그리고 성경이 증언하는 사회학적 배경을 구성하던 중동 지역의 반유목민 세계와는 매우 다른 현실 사회적인 맥락 안에서 환대의 실행에 대한 구체적인 자세에 도달할 것입니다. 이는 내가 우리의

---

[1] 이 부분은 본래 출판본에 저자가 덧붙인 것이다.

인간관계, 곧 우리에게 가까운 이들과 이웃, 친구들과 함께 맺는 관계의 질이 타인, 이방인, 다른 이를 맞아들이는 우리의 능력에 달려 있다는 말에 설복됐기 때문입니다. 타인에게 자리를 만들어준다는 것은 사실 자신의 고유한 신원을 풍요롭게 하는 것이며 새로운 지평들을 여는 것이며, 우리의 근저에 날개를 달아주는 것입니다.

옮긴이의 말

지금은 우리나라가 경제 성장과 민주화, 의료와 기술의 발전, 노동력의 필요 등으로 많은 외국인들이 다양한 이유로 찾아오는 나라가 되었습니다. 하지만 돌아보면 우리나라도 독일, 중동, 미국 등으로 돈벌이를 위해 노동자들이 해외로 나가던 시절이 있었습니다. 민주화의 과정에서 많은 지식인이 고국을 등지고 난민이 되어 해외로 도피하기도 했습니다.

이처럼 경제, 정치, 종교 그 외에도 다양한 이유로 지금도 많은 이들이 자신의 고향을 떠나 좀 더 자유롭고 좀 더 부유한 나라를 향해 이주하고 있습니다. 하지만 여전히 국가 간의 장벽은 높습니다. 또 편견과 차별이라는 현실적이고 직접적이지만 현지인에게는 보이지 않는 차가운 벽이 우뚝 서서 이주민들을 가로막고 있습니다. 이 장벽의 바닥에는 낯설다는 생각에서 오는 두려움이 자리하고 있습니다.

이 두려운 장벽을 넘어서는 길은 그리스도 예수님 안에 있습니다. 그분께서는 우리와는 완전히 다르고 낯선 분이시며, 훨씬 더 크시고 놀라우신 분이시지만, 당신께서 먼저 그 뛰어난 "사랑으로" 모든 장벽을 뛰어넘어, 우리와 같은 모습으로 오시어, 우리 곁에 계시기 때문입니다.

그렇습니다. 사랑이 사람과 사람 사이를 갈라놓는 장벽을 뛰어넘는 비결입니다. 그리스도의 사람이 된 우리 그리스도인이 먼저 이 장벽을 넘어 낯선 이들, 이방인들에게 이 사랑을 보여주어야 합니다. 우리가 먼저 그들에게 손을 내밀고 그들의 벗이 되고, 이웃이 되고, 형제자매가 되어주어야 합니다. 인종과 종교와 국적과 신념, 그 모든 것은 제쳐두고, 낯섦과 두려움을 극복하는 사랑의 힘이 우리에게 있다는 것을 드러내고 보여주어야 합니다. 그것이 바로 그리스도 예수님께서 우리와 함께 계시다는 것을 선포하는 길이요, 예수님처럼 사랑하는 길입니다.

결국 이방인-이주민-외국인을 맞이하는 자세는 우리가 우리의 신원, 그리스도인이라는 우리의 정체성을 얼마나 잘 살고 있는가를 보여주는 척도입니다. 이방인을 맞이하는 문제는 우리에게 얼마나 그리스도처럼 사랑하고 있는가를 묻는 질문이요 도전입니다.

그런 점에서 이 책은 우리 그리스도인들에게 이방인을 어떻게 바라보아야 하는지, 그리고 어떻게 맞아들여야 하는지를 성경에서부터 출발해 설명하고, 구체적인 실천 방향을 교회의 전통 가르침을 통해 제시하고 있습니다.

이 책을 읽는 분들이 단지 흥미로운 책을 읽는 데에 그치지 않고, 자신의 삶에서 구체적인 실천을 통해, 이 책이 제시하는 '이방인에 대한 환대', 사랑의 증언을 이루어 갈 수 있기를 바랍니다.

불어판을 바탕으로 옮긴 내용을 본래의 이태리어판과 꼼꼼히 비교하며 읽어주고, 수정해준 정재호 안드레아 신부에게 감사의 말을 전합니다. 또한, 이 책의 저작권과 관련된 일부터 시작해 책을 엮어 출판하기까지 고생한 장 아녜스와 김젬마 자매와 가톨릭동북아평화연구소(소장 강주석 신부)에게 깊은 감사의 인사를 드립니다.

| 차례 |

머리말 9

옮긴이의 말 21

1장 성경의 이방인

Ⅰ. 구약성경의 이방인 34

1. 이스라엘은 이방인이다 34
   1) "너희도 이집트 땅에서 이방인이었다." 34
   2) "땅은 나의 것이다. 너희는 내 곁에 머무르는 이방인이고 거류민일 따름이다." 41
2. 이스라엘과 이방인들: "이방인을 사랑해야 한다." 45
   1) "너희는 이방인을 학대해서는 안 된다. 너희도 […] 이방인의 심정을 알지 않느냐?" 47
   2) "하느님은 이방인을 사랑하신다." 50
   3) "이방인을 너 자신처럼 사랑해야 한다. […] 나는 주 너희 하느님이다." 55
3. "복을 받아라, 내 백성 이집트야, 내 손의 작품 아시리아야, 내 소유 이스라엘아!" 60

Ⅱ. 신약성경의 이방인 63

1. 예수, 이방인 65
2. 예수와 이방인 69
3. 그리스도인 : "이방인과 나그네"(1베드 2,11) 75

2장 "내가 나그네였을 때에 따뜻이 맞아들였다."

1. 마므레의 아브라함 **91**
2. 이방인들의 방문 **96**
3. 세심한 환대 **101**
4. 계시 **106**
5. 능욕당한 환대 **110**
6. 결론 **115**

3장 모든 이방인, 서로 맞아들이도록 부르심 받은 이들

1. 예수의 모상으로서의 이방인 **125**
2. 받아들여지기 위해 다름을 받아들이기 **129**
3. 날마다의 환대 **131**
4. 타자에 대한 두려움을 넘어서 **135**

4장 환대 실천하기

1. 문을 열어 놓기 **150**
2. 경청하기 **157**
3. 판단의 유예 **160**
4. 공감(empathie)과 동정(sympathie) **161**
5. 대화 **163**
6. 우리가 지닌 것을 내어주기 **165**
7. 다른 곳에서 와서 다른 곳으로 가는 환대 **169**

1장

성경의 이방인

1장 성경의 이방인[2]

너희와 함께 머무르는 이방인을 너희 본토인 가운데 한 사람처럼
여겨야 한다. 그를 너 자신처럼 사랑해야 한다. 너희도 이집트 땅에
서 이방인이었다. 나는 주 너희 하느님이다.

레위 19,34

당신은 이즈음에 일어난 일에 대해 모르는 유일한 이방인이군요!

루카 24,18 참조

---

2) 이 장에서, People on the Move, 25, 1996, pp.11-34에 실린 나의 연구 "L'accoglienza dello straniero nella Bibbia"를 다시 살피고 널리 재작업을 했다. 나는 이 논문의 참고 문헌들을 내가 하는 전공 문헌에서 참조하고 있다. 이 주제에 대한 불가피한 제목들 중, 다음을 언급해야 할 것이다. I. CARDELLINI (éd), Lo "straneiro" nella Bibbia. Aspettistorici, istituzionali e teologici, dans Ricerche Storico Bibliche, 1-2, 1996.

왜 그리스도인인 우리는 역사에서, 사람들 사이에서 벌어지는 우리의 일상의 어떤 주제를 살펴보고 우리 처신에 대한 영감을 얻으려 할 때, 유다인들이 하듯이 위대한 책 성경에 도움을 청하는가? 왜 우리는 성경 안에서 하느님의 말씀을 발견하려 읽고 묵상하고 해석하고자 하는가? 또 왜 우리는 하느님의 말씀을 찾은 다음에, 그것을 실천으로 옮기기 위해, 곧 '우리의 행동'으로 수행하기 위해 이를 풀이할 필요를 느끼는가? 답은 간단하다. 신앙인인 우리는 무엇보다, 영감받은 책이며 영감을 주는 책인 성경에서 우리가 매달리는 하느님 그분의 바람, 그 가르침을 알아보기 때문이다. 대략 삼천 년 전부터 이 '책'은 역사 안에서 백성이라는 신원을 우리에게 제공하고, 책이 담고 있는 말씀과의 개인적인 만남은 우리를 "주님께서 말씀하신 모든 것을 실행하고 따르겠습니다."(탈출 24,7)라는 말로 하느님과의 계약을 새롭게 하도록 이끌고 있다. 달리 말하면, 우리가 성경의 가르침을 맞아들이고 열매를 맺을 때, 우리는 생명의 길을 선택하는 것이며 악과 죽음의 권세의 전파에 맞서 싸우는 것이다.

그래서 우리는 성경에 물어보고자 한다. 그렇게 함으로써 우리는 또한 한순간, 곧 공동체들이, 특히 서구 세계에서, 급속도로 '이방인'에 대한 물음에 마주할 것을 요구받고 있는 우리 시대에 성경이 이방인에 대한 우리의 반성을 밝혀줄 수 있게 하려 한다. 이방인은, 언제나 더 거대한 이민의 파도를 통해 때로 위협으로, 그들을 맞아들이도록 요청받는 이들의 문화 종교적 신원을 침해할 수 있는 것으로 느껴지는 실재이다. 그렇다. 이를 말하지 않는 것은 위선이다. 비록 서구 세계 자신이 무엇보다 노동력이라는 말로 부르는 하나의 원천으로 이방인 없이 지낼 수 있다고 해도 말이다. 아무튼 '이방인'은 맞아들여야 하는 실재, 우리 사랑의 대상만이 아니라, 그 역시 창조적으로, 우리에게 질문할 수 있는 하나의 비판적 실재이다. 이는 이스라엘 백성이 이집트에서 이방인이었을 때 그러했고, 예수님이 "사람의 아들은 머리를 기댈 곳조차 없다."(루카 9,58) 하실 때도 그러했다.

사실, 우리 가운데 이방인의 실재를 드러내는 새로움과 다양함과 마주해 거의 언제나 공포에서 유래한 감정적 반응이 폐쇄적 태도들로 옮겨지는 것을 피하고자 한다면 내가 보기에는, 이성의 헤아릴 수 없는 보고, 언제나 인간화의 길에 대한 탐구에 있어 인간의 지혜와 경험을 양식으로 삼는 '이성(ratio)'의 도움을 얻을 필요가 있다. 지혜, 쉬운 해결법들이나 이미 준비된 비법을 찾았다고 주장하지 않는 지혜에 접근하기 위해 우리는 다시 한번 성경으로 나아간다. 성경은 인간의 경험과 하느님의 말씀이 만나는 곳이며, 더구나 이방인의 표상이 중심 자리를 차지하고 있는 곳이다. 이 원천에서 길어 올릴 때, 우리는 확실히 덜 목마를 것이고 우리에게 다르게 다가오는 분을 표상하는 하느님의 선물에 대해 우리가 좀 더 잘 알게 될 것이다.

I. 구약성경의 이방인[3)]

1. 이스라엘은 이방인이다

1) "너희도 이집트 땅에서 이방인이었다." (탈출 22,20; 23,9; 레위 19,34; 신명 10,19)

우리의 성경 연구를 다음과 같은 질문을 통해 시작해 보자. 왜 이방인이라는 표상이 성경의 입장에서 그렇게 중심이

---

3) 구약성경은 이방인을 가리키는 다른 용어들을 사용하고 있다. *zar*와 *nekar*는 부정적인 뜻을 가장 많이 갖고 있다. 첫 번째 것은 인종적이고 정치적인 의미에서의 이방인을 가리키는데, 경멸의 의미를 수반하고 있다. 두 번째 것은 이스라엘이 거리를 두어야 하는 다른 인종에 속하는 사람을 가리킨다. 마찬가지로 *nokri*는 대부분의 빈도에서 부정적인 의미를 담고 있다. 우리가 여기서 가장 관심을 갖는 용어, 곧 *ger*는 좀 사정이 다르다. 특별한 언급의 경우를 제외하고, 내가 구약의 구절들을 인용할 때, 이 단어가 '이방인' 또는 유사한 다른 말들('이주민' 같은 말)에 해당한다. *ger*라는 말은 '이주민', '거주-이방인'을 가리킨다. 여기서 '거주-이방인'은 "자신이 혈육에 속하지 않는 민족 가운데 사는 자'와 '이것이 그에게서 일반적으로 혈육과 그곳에서 태어났다는 사실에서 유래하는 일정의 보호와 특권을 박탈한다.' 그의 조건과 특권은 가장 오래된 시기부터 동방 문화에서 매우 큰 자리를 차지하는 환대 형태에 달려 있다."(D. KELLERMANN, "gûr, ger, gerût, m^{e}gûrîm", dans G. BOTTERWECK, H. RINGGREN [ed.], *Theological Dictionary of the Old Testament*[trad. G. Wallis], Grand Rapids, Eedermans, vol.2, 1975, p.443) 구약성경은 이스라엘 백성의 이방성이라는 조건과 관련될 때 이 단어의 도움을 받는다. *toshav* '부차적', '충만한 권리가 없는 거주자'의 상황은 *ger*의 상황과 가깝다. 그리고 자주 *toshav*라는 말은 *ger*와 *hendiadys*(*두 단어로 하나를 표현하는 것)를 이루면서 붙어서 등장하는데, "여기서 *ger*는 이주-거주민과 이스라엘의 종교적이고 문화적인 공동체와의 관계를 가리키고, *toshav*는 이스라엘 공동체 내부에 있는 같은 인물을 가리키지만, 경제적이고 사회적인 그의 신분을 가리키는 것이다."(I. CARDELLINI[éd.], "Stranieri ed "emigrati-residenti" in una sintesi di teologia storico-biblica", dans *Rivista biblica*, 40/2, 1992, p.151.

되고, 왜 이스라엘의 입장은 기이하게도, 그토록 호의적이고 긍정적인가? 그것은 '이스라엘 그 자신이 이방인이었기' 때문이고 이러한 이방성의 조건이 그 신원의 원초적인 특징 중 하나로 이스라엘과 늘 동반해왔기 때문이다. 구체적으로 바로 이 이방성 곧 다른 민족들과의 관계에서의 다름으로부터 시작해서 이스라엘은 자신을 뽑힌 백성, 하느님으로부터 선택된 백성으로 느끼고 그렇게 스스로를 정의할 수 있었다.

이 백성이 자신을 지칭한다고 생각하는 이브리('ibri), '히브리인'이라는 호칭도 이 백성을 "경계 저 너머에 사는 이들", 곧 이방인이라고 정의했던 이웃 민족들이 이스라엘에게 적용했던 것이다. 여기에 덧붙여서 이 용어는 법적으로 종속의 상태, 또는 노예의 상태를 살던 이들을 가리킨다. 이들은 두 번째 시기에야 해방을 얻어 자신들의 충만한 '정치적'[4] 주체성에 대해 책임을 갖는 여정을 시작했다. 요약하면, 일반적으로 하나의 민족이 다른 민족들을 이방인이라고 생각하는 것이라면, 이스라엘은 반대로 다른 이들이 부여했던 명칭을 자신의 것으로 사용하면서 자신을 이방인이라고 인식했다. 성경 전체에서 '하느님은 자상하게 이스라엘을 바라보셨고 세상의 민족들 중에서 이들을 선택하셨다.'는 뽑힌 백

---

[4] G. von Rad, "Israel, etc.", dans G. KITTEL(éd.), Theological Dictionary of the New Testament, trad. G. W. Bromiley, Grand Rapids, Eerdmans, vol. 3, 1968, pp. 356-359. 참조

성에 대한 그러니까 백성에 대한 하느님의 항구한 부르심에 대한 표현이 자리한 곳은 바로 이러한 맥락이다.

이 선택은 하느님께서 지속적으로 재확인해주시는 것으로 이에 대해 두 개의 창립 이야기가 있다. 후세들은 이 이야기들을 회상하고, 그들 스스로에 대해 이해하며 자신의 뿌리에 대한 기억을 새롭게 했다. 그 첫 번째는 유다인의 아버지요, 신앙인의 아버지인 아브라함이다. 아브라함은 민족들 가운데에서 선택된 사람으로, "떠돌아다니는 아람인"(신명 26,5)이었다.[5]

이스라엘 사람은 이를 기억하며 추수의 첫 열매를 하느님께 봉헌하는 때에 신앙을 고백한다. 하느님께서 아브라함에게 하신 첫마디는 "가거라."(창세 12,1)이다. 하느님은 그에게 고향과 땅과 아버지의 집에서 떠나라고 부르신다. 이는 그를 이방인이요 자신의 모국에서 멀어진 이로 만드는 저버림이다. 그리고 이 이동은 우선적으로 자신의 땅에 내해서 하나의 '다름'을 얻는 것을 의미한다. 이 이방인이요 하느님으로부터 선택된 백성이라는 신분은, 에제키엘 예언자가 바빌론 유배기에 이것들을 뒤바꾸어 "너의 혈통과 태생으로 말하자면, 너는 가나안 땅 출신이다. 너의 아버지는 아모리 남자고

---

[5] 신명기 26장 5절의 "떠돌아니는 아람인"의 배경에는, 그의 아들들과 함께 "이집트로 내려간"(창세 46장 참조) 야곱의 형상이 또한 숨어있을 수 있다.

너의 어머니는 히타이트 여자다."(에세 16,3)라며 이스라엘에게 다시 상기시키듯이 결코 잊히지 않는다.

한편 하느님의 말씀에 충만하게 순종한 아브라함은 다른 민족들에게 '스스로 이방인이 됨'으로써 그에게 주어진 하느님의 부르심과 선택을 살아냈다. 아브라함이 수용한 이방성의 조건은 그가 지속적으로 이 땅에서 저 땅으로 경계를 넘는 것과 연계된다. 그러니까 이 조건은 민족적이며 사회적인 차원에 위치한다. 하지만 이 신분의 민족적인 면이 좀 더 결정적이다. 이는 행동하고 살아가고 땅에 사는 방식과 일치한다. '아브라함의 이방성'은 사실 무엇보다 '우상 숭배와의 단절'로 표현된다. 그는 이렇게 탐욕, 소유, 지배, 모든 인간의 폭력과 죽음의 원형으로 점철된 창세기(3-11장)가 묘사한 인류의 여정에 이방인이 된다. 아브라함이라는 이주민이 주인으로 훌륭한 '필로제노스(philoxénos)' 곧 '이방인을 사랑하는 이'로 세 나그네를 맞아들이고 자신의 식탁에 앉게 한 것(창세 18,1-8 참조)은 우연한 일이었을까? 손님을 맞아들이는 이는 하느님을 맞아들이게 되고(히브 13,2 참조), 가난한 자로 맞아들여진 자는 축복과 생명을 가져다주는 이가 된다(1열왕 17,8-16 참조).

아브라함은 그가 하느님과 밀접하다는 것, 그러니까 그가 소유하는 데까지는 이르지 못했지만, 그가 살게 될 땅을 선물하는 것(창세 15,6-7)으로 표현되는 약속을 향한 자유로의 길로 그를 부르신 주님께 대한 신앙에서, 자신의 선택받은 '다름'을 명확하게 드러낸다. 칼데아의 우르를 떠나면서 아브라함은 이주민의 하느님으로 그의 하느님이 되시는 주님의 보호 아래에 자신을 맡긴다. 이를 통해, 그는 조상들과 그 땅의 우상들을 내치는 것이다. 리옹의 성 이레네오는 이렇게 훌륭하게 설명한다. "아브라함은 모든 지상의 혈연관계를 그곳에 내버려 두고 하느님의 말씀을 따랐다. 이는 스스로 말씀과 함께 이방인이 됨으로써 말씀과 같은 시민이 되기 위한 것이다."[6)]

아브라함을 뽑은 것은 아주 구체적인 구원의 한 전략에 대한 응답이다. 그러니까 하느님의 축복이 이 이주민, 첫 번째로 뽑힌 자에게 주어지는데, 이는 그를 통해 그 축복이 모든 민족에게 다다르게 하기 위한 것이다(창세 12,3 참조). 아브라함은 하느님께서 그에게 약속하신(창세 12,6-7 참조) 가나안 땅에서 이방인으로 남는다. 그는 이집트에서(창세 12,10-20 참조) 이방인이었고, 그의 모든 여정 동안에도 이방인이었다. 그리고 그는 아내 사라와 자신의 무덤이 자리하게 되는(창세 23장 참조) 히타이트인들에게 산 아주 작은 땅만을 소유하고 죽는

---

6) IRENEE DE LYON, Contre les hérésies, IV,5,3, Paris, Cerf(coll. Sources chrétiennes, n⁰ 100-2), 1965, p.705.

다. 그의 아들 이사악과 야곱은 이방성의 같은 상황을 겪게 될 것이다. 이 이방성은 야곱을 '종살이의 집'(탈출 13,3.14 참조) 이집트까지 내려가게 할 것이다. 하지만 다음을 주의하자. 이스라엘 자손들은 유목민이 아니고 그러길 바라지도 않는다는 것이다. 그들은 오히려 원주민 가운데 또는 그들의 곁에 이방인, 이주민으로서 살 수 있는 지역에 다다르는 그러한 백성이 되기를 바라고 있다는 것이다.[7]

이제 두 번째 창립 이야기로 건너가는데, 먼저 하느님께서 당신의 특별한 소유로 삼고자 모든 민족 가운데에서 선택하신 집합체 전체로서의 이스라엘 민족에 집중해 보자. 이 점에서 탈출기에 서술된 이스라엘의 이방성은 좀 더 비극적이다. 이스라엘이 파라오가 노예로 삼은 이주민 그룹과 동일시되고 있기 때문이다. 이스라엘의 자손들은 멸시되고 억압받는 이방인으로 주인의 불의와 폭력의 대상이었다. 그렇지만 하느님의 선택이 바로 이 사람들에게 내린다. 하느님은 곧장 해방의 행위로 당신을 드러내신다. 그들의 조상 아브라함과 세운 약속(탈출 2,24; 시편 105,9-11; 루카 1,72-73 참조)을 기억하신 하느님은 그들로부터 한 민족을 만들어내신다. 그렇다. 수많은 노예(탈출 2,23 참조)로부터, '뒤섞인 무리'(탈출 12,38, 우리말

---

7) P. BOVATI, "Lo straniero nella Bibbia, II, La legislazione", dans *La Rivista del clero italiano*, 7-8, 2000, pp.486-487. 참조

성경에는 '많은 이국인들'로 번역돼 있음)로부터, '이 나라에서 저 나라로 옮겨 다니는 수가 몇 안 되는 작은 무리'(시편 105,12-13)로부터 하느님의 백성이 태어난 것이다!

히브리인에게 혈통이나 인종, 종족에 있어 어떠한 우월성도 없다. 이들은 고대 근동의 위대한 국가들과 비교할 때 주변부에 속하는 아주 작은 백성이며, 이방성과 고통, 노예살이, 사회적으로 중요성이 없는 역사가 특징인 민족이다. 그리고 이를 말해야 한다, 구약성경은 이러한 상황을 전혀 부정하지 않는다. 반대로 구약은 이 '작음'을 축복과 선택의 이유로, 하느님의 무상의 우선적인 사랑의 이유로 제시하면서 이 작음을 강조한다.[8]

이 모든 것은 신명기의 다음과 같은 구절에 아주 잘 요약되어 있다. "주님께서 너희에게 마음을 주시고 너희를 선택하신 것은, 너희가 어느 민족보다 수가 많아서가 아니다. 사실 너희는 모든 민족들 가운데에서 수가 가장 적다. 그런데도 주님께서는 너희를 사랑하시어 […]"(신명 7,7-8). 다른 민족들과 비교해 약속의 하느님을 믿는 백성을 구분 짓게 하는 것이 바로 이것이다. 곧 그의 작음과 약함이 주님의 사랑을 끌어당기는 것이다. 이렇게 해서, '이스라엘'은 '작은 이, 이

---

8) 이와 관련해 P. BOVATI, *Lo straniero nella Bibbia, I: La "diversità" di Israele*, dans *La Rivista del clero italiano*, 6, 2000, pp.408-410을 보라.

방인, 가난한 이를 향한 하느님의 사랑에 대한 기억'이라는 흔적을 자신에게 새기게 된다. 바로 이러한 이에게 땅에 대한 약속이 주어지는 것이다.

  2) *"땅은 나의 것이다. 너희는 내 곁에 머무르는 이방인이고 거류민일 따름이다."* (레위 25,23)

이스라엘의 선택, 곧 약속의 목적은 분명히 땅의 선사였다. 그런데 백성이 그 땅에 들어갔을 때, 하느님은 그 땅이 그들에게 속하지 않는다는 것과 그들에게 유일하게 머물 곳으로 주어졌다는 것을 상기시키신다. 왜냐하면 땅은 하느님께 속하는 것이기 때문이다! 그러니까 이스라엘을 구분하게 해주는 것은 '약속된 땅, 받은 땅, 정복한 땅'의 소유주라는 것이 아니라 그 땅에 사는 민족적 방식에 있다는 것이다. 하느님의 백성은 '거룩한 백성', 다른 모든 민족과의 관계에서 자신의 '다름'을 드러낼 수 있는 백성이 되라고 불렸다. 이 다름은 본질적으로 하느님께서 바라시는 것에 대해 알고 실천하는 것이다. 이스라엘이 하느님께서 부여하신 소명을 충만하게 수행하는 것은 이렇게만 가능할 뿐이다. "이제 너희가 내 말을 듣고 내 계약을 지키면, 너희는 모든 민족들 가운데에서 나의 소유가 될 것이다. 온 세상이 나의 것이다. 그리

고 너희는 나에게 사제들의 나라가 되고 거룩한 민족이 될 것이다."(탈출 19,5-6)

이스라엘은 그러므로 메시아적 통치의 출발점을 이룬 다윗 임금이 그의 생애 마지막에 전체 백성 앞에서 "당신 앞에서 저희는 저희의 모든 조상처럼 이방인이고 거류민입니다."(1역대 29,15)라고 고백하기에 이를 정도로 가나안 땅에서 언제나 이주민이요 거류민으로 남는다. 여기서 우리는 '이스라엘은 하느님께 받아들여지고 하느님께 속한 땅에 집을 얻었으며' 아브라함의 예를 따라 언제나 길을 떠날 준비가 된 이방인이라는 명확한 의식을 발견한다. 이 백성의 신원은 어떤 종족이나 땅(경계가 불명확한 작은 땅덩어리)과 일치하지 않는다. 이 신원은 단지 아브라함, 이사악, 야곱의 하느님, 세세대대로 자비로우시고 너그러우신 하느님(탈출 34,6-7 참조)께 대한 그의 신앙을 통해서, 그리고 그가 선물로 받은 땅이며 그 자신이 선물과 나눔의 논리를 살도록 불리운 땅에서의 행동을 통해 드러날 뿐이다.

땅이 하느님께 속한다면, 누가 맞아들이고 누가 맞아들여지는가? 다른 이를 자신 안에 받아들이는 백성은 무엇보다 특별한 '타자'의 손님이다. 레캅인들은 그렇게 이스라엘이 하느님으로부터 받은 환대의 예언자적 기억이 되었다(예레 35,7 참조). 그러니까 천막에 사는 이 불안한 그룹은 사실, 자신과 땅과 다른 것들을 구분할 줄도 모르고 하느님께서 원하시는 환대와 관련된 것을 실행할 줄도 모르는 백성 가운데에서, '이방인으로 살라'(예레 35,7 참조)는 부르심으로 있는 것이다. 그리고 하느님의 백성이 재앙과 바빌론 유배를 겪게 된 것은 명확히 이스라엘이 받아들인 치명적인 이 길 때문이다. 그러니까 이스라엘은 다른 민족들과의 관계에서 참된 '다름'을 잊고 끝내 그 다름을 상실하게 될 것이다. 이스라엘은 땅을 자신의 소유로 삼던 순간부터 스스로를 내몰아 이방인이며 이주민이 되게 한 것이다.

바빌론 유배는 그렇게 해서 정화의 장소 또는 더 나아가 진정한 재탄생을 위한 장소가 된다. 그리하여 일부 '땅으로 되돌아온 이스라엘이 다른 방식으로 다름을 살기로 약속할 것'이고, 다시금 '거룩한 백성'이라는 자신의 소명에 이를 것이다. 그렇지만 율법(이 뒤로는 토라(Torah)라 하겠다)에 새로이 충실해지려는 이 노력 속에서, 이스라엘은 자신의 특수성이 사라져가는 흐름과 맞서고자 하는 하나의 유혹에 빠지게 된다. 백성은 사실 자기 자신에게 집중하고자, 다른 민족들에 대항하는 신원을 찾고자, 거룩함을 자신의 행위에서가 아니라 종족의 순수성을 통해 추구하고자 시도했다. 그런데 몇몇 유배 이후 시기의 성경 문학에서 확인되는 '지혜' 사조들에서 이방인을 향해 개방된 태도들 또한 발견된다. 우리는 이들을 이러한 정체성 일탈, 곧 인종적 혐오주의에 대한, 종족 정화의 한계에 대한 반응으로 풀이한다. 이 점에서 의미 있는 텍스트가 이방인을 위한 기도로, 이는 역대기 하권이 성전 봉헌의 순간에 솔로몬의 입에 담아 놓은 것이다(2역대 6,32-33 참조). 그보다 더 명확한 반응이 룻기와 요나서라는 소책자들에 담겨 있다. 룻기는 메시아 임금 다윗의 조상 중에 이방인 여인 룻이 있었다는 것을 선동적인 방식으로 상기시킨다. 요나서는 이스라엘의 적인 니네베라는 아시리아의 도시를 배경으로 그 도시가, 자신의 하느님께 불순종하는 이스라엘인을 상징하는 예언자, 요나의 설교에 회개했다고 한다!

 이방성을 살기, 자유로의 길을 탐험하기, 다름을 유지하기는 평계를 댈 수도 없고, 율법화 하거나 인본주의에 대한 포기라고 - 오만함으로 - 거부할 수도 없다. 이것은 역사적으로 '또 다른' 실천을 통해 수행할 수 있을 것이다. 결국 극도로 어려운 이 행위는 불가능한 그만큼, 하느님 백성의 소명에 속하는 것이다. 이 모든 것은 교회에 주어지는 항구적인 권고로, 아벨로부터 교회에 이르는 신앙에 대한 탁월한 계보를 보여주는 히브리서 11장에서 상기시키고 있다. "아브라함은 〔…〕 약속받은 땅인데도 남의 땅인 것처럼 이방인으로 살았습니다. 하느님께서 설계자이시며 건축가로서 튼튼한 기초를 갖추어 주신 도성을 기다리고 있었기 때문입니다."(히브

11,9-10) 이스라엘의 조상들은 "모두 믿음 속에 죽어 갔습니다. 약속된 것을 받지는 못하였지만 멀리서 그것을 보고 반겼습니다."(히브 11,13) 그리고 언제나 더 나은 땅을 찾으며 "자기들은 이 세상에서 이방인이며 나그네일 따름이라고 고백하였습니다."(히브 11,13)

2. 이스라엘과 이방인들 : "이방인을 사랑해야 한다."(신명 10,19)

우리가 보아왔듯이, 이스라엘에게 이방성, 이민의 상황에 대한 경험은 지속적인 것이거나 시간적으로 그렇게 긴 것이 아니었지만, 진정으로 기초적인 것이었다. 이 경험이 하느님의 백성이라는 신원의 바탕에 잘 자리하고 있다. 유다인은 이방인의 삶에 대해, 그 자신이 경험한 바이기도 한 그 '심정'(탈출 23,9 참조)에 대해 알고 있다. 유다인이 이방인에 대해 이해와 존경과 수용의 태도를 함양할 수 있는 것은 이러한 이유이다.

토라는 사실, 그 내용과 동기가 독특한 진정한 "이방인의 권리"에 대해 소개한다. 그 내용과 동기는, 한편으로 "이방인을 너 자신처럼 사랑해야 한다."(레위 19,34)고 강제하는 율법의 정신을 확인해 주고 있다. 동시에 다른 한편으로, 오늘날의 우리에게 여러 차원을 엮어 놓은 복잡한 문제를 대표하는 것과 마주칠 수 있도록 실마리들을 제공할 수 있다. 토라의 이러한 방식의 법적 조항들은 강조점과 작성의 시기에 따라 수도 많고 다양하다. 그렇지만 모두 다음을 보여주기 위해 경합하고 있다. 곧 이방인의 권리를 짓밟고자 하는 유혹이 크게 자리하고 있는 이스라엘의 구체적 삶 속에서 여러 정황이 나타난다는 것과 어떤 일부는 불의, 억압, 비인간화의 형태들을 만들어내며 이 유혹들에 넘어가고 있다는 것이다.

그럼에도 동시에 이 문제에 대한 입법자의 지속적 주의는 이민 이방인에 대한 관심이 이스라엘 사회의 구성 요소가 되었다는 것을 가르쳐 준다. 이주민과 피난민에 대한 호의적 선언들은 사실 전체 구약 율법의 한 가운데서 그 명료함과 결정성에서 두드러진다. 이 선언들은 오늘날 이방인을 맞아들이는 데에, 신학적 윤리의 관점에서 여전히 진정으로, 그 영감과 풍요로움에 하나의 모델을 형성하고 있다.

그러면 구약성경의 중요한 법적 모음집 세 가지를 분석해 보자. 우리는 구약에서 "여러 세기에 걸쳐 같은 물음을 상황에 맞게 고치고 규범의 차원으로 완벽하게 만들며 그것을 재검토하는 끝없는 법률 활동"[9]이 나타나는 것을 보게 될 것이다.

1) "너희는 이방인을 학대해서는 안 된다. 너희도 […] 이방인의 심정을 알지 않느냐?" (탈출 23,9)

첫 번째 법률 모음은 우리가 "계약의 책"이라고 부르는 것으로 구성되어 있다. 이 '계약의 책'은 탈출기(20,22-23,33)에 실려 있는데, 이런 이름이 붙은 이유는 그것이 시나이에서 체결된 계약의 문구들을 포함하고 있기 때문이다. 이 모음집은 성경에서 가장 오래된 법률집을 대표한다. 이것은 확실히 유배 이전의 것이다. 그 에필로그(탈출 23,20-33)에서, 계약의 책은 이방 주민, 특히 가나안인과의 단절과 분리를 강조한다. 이 책은 이스라엘을 종교 혼합주의와 지방 신들(가나안의 제신)에 오염되는 것으로부터 지키기 위한 반우상주의적 우려를 기술한 규정들과, 배타적으로 주님을 섬기는 원칙과 관련해 정리한 규정들(너희는 주 너희 하느님을 섬겨야 한다. 탈출 23,25ㄱ)을 다루고 있다. 우상의 금지(너희는 그들의 신들에게 경배해서도 그 신들을 섬겨서도 안 된다. 탈출 23,24ㄱ)는 사회 정책으로 이어지며 동시에, 실천 차원에서의 이스라엘 자손과 가나안인 사이에 다름이 필요함(그들이 하는 짓을 따라 해서도 안 된다. 탈출 23,24ㄱ)을 담고 있다.

---

9) P. BOVATI, "Lo straniero nella Bibbia, II", p.490. 참조

그러나 구별이라는 관점에서조차, 입법자에게 있어 핵심으로 자리한 반우상주의의 실천이 행해지는 곳이 무엇보다 이 영토라는 것을 논증하면서도, 이방인에게 호의적인 가르침들이 있다는 것은 의미심장하다. "너희는 이방인을 억압하거나 학대해서는 안 된다. 너희도 이집트 땅에서 이방인이었다."(탈출 22,20) 이 법률 모음집에서는 과부, 고아(탈출 22,21), 가난한 이(탈출 22,24)와, 결핍, 종속의 상황에서 모욕과 착취에 방어막 없이 살고 있는 '무존엄'[10]에 속하는 이주민을 같은 계층에 놓고 있다. 덧붙여 이방인은 다른 땅, 다른 백성, 다른 종교에 속하기 때문에, 또 그가 지역민과 어떠한 친족관계도 없기 때문에, 쉽게 누구도 돌보지 않는 외톨이가 되거나 사람들이 그 존재를 두려워하는 적이 될 가능성도 있다. 이러한 이유로 주님 스스로 이 권리가 없는 자를 보호하시려 개입하신다. 그렇다. 주님은 자비로운 분(탈출 22,26 참조)이시기에, 이 속성으로부터 사람들 가운데 어떠한 방어막도, 보호도 없는 이들을 위해 개입의 필연성이 나오는 것이다.

이스라엘이 그 점유지 안에서 인종적 소수자를 억압하지 못하게 하는 것은, 이스라엘 자신이 이집트에서 권리를 지니지 못한 소수로 살았다는 상황에 대한 기억으로부터 유래하

---

10) E. BIANCHI, "Le statut des "sans-dignité" dans l'Ancien Testament", dans Concilium, 150, 1979, pp.15-23. 참조

는 것이다. "너희는 이방인을 학대해서는 안 된다. 너희도 이집트 땅에서 이방인이었으니, 이방인의 심정을 알지 않느냐?"(탈출 23,9) 주님은 이방의 땅에 사는 이주민과 주변인과 권리가 없는 자의 하느님이시다. 이는 그분이 이스라엘이 이집트에서 이방인일 때 당신을 그렇게 계시하셨기 때문이다. 그러므로 경계에 머물고 있는 이방인을 보호한다는 것은 이스라엘에게 있어 해방자, 곧 고엘(go'el)이신 그들의 주님께 대한 신앙을 실천으로 고백하는 것이다. 반면에 이스라엘에게 이주민을 착취하는 것은 다른 신을 섬기는 것을 의미하는 것이 된다. 이집트에서 한 줌의 이방인이던 이 백성은 이제 이방인을 보호하고 돌보아주며 그에게 급여의 권리와 안식일의 주간 휴식까지 주어야 한다. "너희는 엿새 동안 일을 하고, 이렛날에는 쉬어야 한다. 이는 너희 소와 나귀가 쉬고, 너희 여종의 아들과 이방인이 숨을 돌리게 하려는 것이다."(탈출 23,12) 여기서 중요한 것은 이방인에게 적극적으로 공인된 권리를 우리가 마주하고 있다는 것이다. 규범이라는 이름으로 포장된 이 표현들은 이주민의 물리적 육신과 상황에, 마찬가지로 노동의 양상과 주기에도 지극한 관심을 보여주고 있다. 노동은 사람을 탈진시키는 것이 되어서는 안 되며, 반대로 인간화해야 한다.

구체적으로 이집트에서 이민과 억압의 경험을 체험한 이

들에게 말하고 있는 이 계약의 책은 그러므로 진정한 "지난 역사에 대한 기억"으로 드러난다. '이방성에 대한 역사적 사건에 대한 기억이 율법이 되고', 율법은 체험과 고통의 역사적 사건에 대한 기억이 된다. 이 해석학적 순환의 중심에, 비이스라엘인에게도 이스라엘인에게도 그 책임을 묻는 '게르(ger)의 표상이 있다. 과연 이스라엘이 이방인에게서 자신의 이미지를 인식해 낼 수 있을지? 이방인에게 호의적인 공식 요구를 담고 있는 계약을 충만히 살아 낼 수 있을지?

2) *"하느님은 이방인을 사랑하신다."* (신명 10,18)

두 번째 법전은 구체적으로 모세의 율법에 대한 쇄신으로, 신명기(그리스어로는 단지 '두 번째 율법'을 가리킨다)에 담겨 있다. 신명기는 7세기 말 요시야 임금이 실현한 개혁과 연관된다. 신명기는 무엇보다 유다 왕국의 영역에서 일어난 인구 이동 현상의 자극으로 작성된 것이다. 곧 사마리아의 멸망 이후, 북이스라엘 피난민의 이주와 가나안인과 이방인의 이주와 관련된 것이다. 이방인에 관한 법률의 재해석이 절대 필요했다. 왜냐하면, 이방인이 수적으로 확고한 집단으로 등장했는데, 이는 그들이 취약함과 또 흔히 가난함을 특징으로 하는 위험에 처한 소수, 곧 사회적으로 약한 부류를 대표하기 때문이다. 그런 이유로 '신명기 법률'(신명 12-26장)은 이방인에 대해 지대한 관심을 보인다. 신명기 법률은 확연하게 약하고 어떤 방어 수단도 없는 고아와 과부에 이방인을 밀접하게 연결하면서 진정한 "사회적 (선견지명의) 연대"[11]를 구상하고 있다.

또한 다른 긍정적인 기준들이 세워진다. 그것은 단지 사회적 극빈자의 소외에 대한 치유책으로서만 아니라 사회적 책무를 지닌 자들의 의식과 전체 백성의 의식을 자극하기 위한 것이다. 첫째로, 판결에 모든 편견이 금지된다. 이스라엘인과 이주민은 법정 앞에서 동등하다. "왜냐하면 판결[미슈파트(mishpat)]은 주님에게 있기 때문이다." 그리고 이스라엘에서 이방인도 권리를 갖는다(신명 24,17 참조). 그러므로 정당한 요구와 관련된 법적 절차는 왜곡되지 않아야 한다는 것에 주의해야 할 것이다. 이 경각심에 힘을 주는 것이 백성이 계약을 체결하던 때에 승복한 다음의 저주이다. "'이방인과 고아와 과부의 권리를 왜곡하는 자는 저주를 받는다.' 하면, 온 백성은 '아멘.' 하고 말해야 한다."(신명 27,19) 이주민의 권리를 침해하는 자는 계약에서, 그러니까 하느님과의 정당한 관계에서 벗어나는 것이다. 신명기(24,14-15)에서 입법자는 이방인

---

11) F. CRÜSEMANN, ""Vous connaissez la vie de l'étranger"(Ex 23,9). Rappel de la Torah face au nouveau nationalisme et à la xénophobie" dans *Concilium*, 248, 1993, p.123.

의 "품삯은 그날로 주어야 한다. [⋯] 해가 지기 전에 그에게 품삯을 주어야 한다."고 권고한다. 그 이유가 매우 인간적이다. "그는 가난하여 품삯을 애타게 기다리고" 있기 때문이다.

그렇지만 신학적 차원에서 확실히 가장 날카로운 표현들은 신명기(10,17-19)에 있다. "주 너희 하느님은 [⋯] 사람을 차별 대우하지 않으시고 뇌물도 받지 않으시는 [⋯] 하느님이시다. 또한 그분은 고아와 과부의 권리를 되찾아 주시고, 이방인을 사랑하시어 그에게 음식과 옷을 주시는 분이시다. 너희는 이방인을 사랑해야 한다. 너희도 이집트 땅에서 이방인이었기 때문이다." '이스라엘에게 요구되는 이방인을 향한 사랑은 하느님의 사랑에 기초하고 있다.' 그 사랑이 이주민의 존속을 위한 능동적인 관심으로 옮겨 간다. 이로써 이주민은 살아가는 데 필요한 것, 곧 음식과 옷을 갖게 된다. 신명기에서 이스라엘이 '하느님의 사랑받는 이'(신명 4,37; 7,7-8,13 참조)로 등장한다면, 이방인 또한 하느님의 사랑을 받는 이라는 것이다. 그런데 한마디 덧붙여야겠다: 여기서 이스라엘에게 하느님 외에 다른 누군가를(신명 6,5; 11,1; 13,4 참조), 그리고 그분의 계명 외의 다른 어떤 것을 사랑하라고(신명 11,1; 13,5 참조) 권고하는 신명기의 유일한 구절이 다루어지고 있음을 어찌 알아차리지 못하는가?

한편 공동체의 종교 생활을 이끄는 축제들은 주님이 이방인을 위해 품으신 사랑의 성사를 대변하는 것이다. 안식일, 주간절, 초막절과 관련된 법률은 이방인이 쉼으로써 그리고 이스라엘과 함께 축제를 누리면서 그 축제에 참여할 수 있다는 것을 전망하고 있다. 이방인이지만 "너희 성안에" 사는(신명 5,14; 14,21; 16,11.14; 31,21 참조) 사람이 주님의 축제 때에 형제애, 그러니까 토착민과 이주민을 엮어주는 연대에 초대된다. 단 파스카 축제(신명 16,1-8 참조), 곧 선택된 백성으로서의 이스라엘 창립 사건을 기억하는 축제만은 배타적으로 이스라엘인에게만 허용된다. 이는 이기적인 봉쇄나 국수적 완고함이 아니라, 단지 신앙과 관련해서 요구되는 영적 신원을 지키기 위한 것이다. 한편, 가장 가난한 사회적 집단(과부, 고아, 이방인, 레위인)과 관련해, 나눔과 아량의 정신을 통해 강조되는 경제적 기준들을 부각시켜야 할 것이다. "이방인들을 망라하는 세계 역사상 최초의 사회세"를 제정한 것은 이방인들을 위한 것이었다. 신명기 14장 28절에서 29절에 따르면, 임금과 성전을 위한 전통적인 세금의 일부인 십일조 전액이 삼 년에 한 번 상속 재산이 없는 이들(땅이 없는 집단)을 위해 사용되어야 한다.(신명 26,12-13 참조)[12]

대지로부터 나온 생산물을 이방인과 나눈다는 것은 하느

---

12) *Ibid* 〈앞의 책〉

님께서 이스라엘 자손에게 모든 것을 선물로 주셨다(신명 26,11 참조)는 것, 특히 때가 되었을 때 그 땅을 주셨다는 것(신명 26,9 참조)을 인식하고 있음을 의미한다. 이렇게 해서, 하느님의 축복이 당신의 백성에게 내릴 것이다(신명 14,28-29 참조).

우리가 이 규범들을 문자 그대로 알아들으면, 그것들은 분명히 별것 아닌 것으로, 이스라엘의 식탁에서 떨어지는 부스러기들 정도로 보일 수 있다. 반대로 우리에게 본문들을 깊이 있게 읽을 수 있는 예지가 있다면, 이 준거들은 그 '특별한 상징적 가치' 안에서 이해될 수 있을 것이다. 이 준거들은 사실 나눔, 곧 자기 노동의 열매의 재량권을 내놓을 것을, 모두가 재화를 누리도록 하는 진정한 경험의 연대를 강하게 주창하고 있다. 여기서 우리는 신명기계 법률(신명 26,1-11 참조)의 언어로, 사제의 입회하에 성소에서 실행하던 땅의 소출의 만물을 레위인과 이방인과 나누는 이유가 어떻게 신앙 고백과 연결되는가를 이해하게 된다. "저희 조상은 떠돌아다니는 아람인이었습니다. 그는 몇 안 되는 사람들과 이집트로 내려가 이방인으로 살았습니다. […] 주님께서는 […] 저희를 이집트에서 이끌어내셨습니다. 그리고 저희를 이곳으로 데리고 오셨습니다."(신명 26,5-9) 이방인과의 연대는 그러므로 이스라엘이 이집트에서 이방인이요 노예의 신분이었는데, 주님께서 해방시켜 주셨다는 기억을 보존하고, 그 땅에 자신이 자리 잡은 것이 공유와 관련된 하느님 선물의 결과라는 것을 기억하는 매우 구체적인 방법이다. 이를 달리 말하기 위해 시편 81장은 주님께서 당신의 백성에게 이러한 초대를 말씀하신다고 한다. "내가 주님, 너의 하느님이다. 너를 이집트 땅에서 끌어 올린 이다. 네 입을 한껏 벌려라, 내가 채워 주리라."(시편 81,11)

3) *"이방인을 너 자신처럼 사랑해야 한다. (…) 나는 주 너희 하느님이다."*(레위 19,34)

우리는 마침내 토라에서, 비교적 후대의 것이며 사제들에게서 유래한 것으로, 유배 이후에 작성된 "성결법"(레위 17-26장)이라고 부르기로 합의된 것을 담고 있는 세 번째 법률집에 이르렀다. 이 법률집에서, 거룩함은 기본적으로 비이스라엘 주민들과의 분리로 이해된다. 그렇지만 우리는 다시 한번 다른 민족들과의 구별이 인종적 본성에서 오는 것이 아니라 주님께서 이스라엘과 세우신 계약(에제 16,8-14 참조)에서 유래한 것임에 주의해야 한다. 일반적으로 이방인의 권리와 의무에 대해 다시금 강조하고 있다는 사실이 이를 한결같이 보여 준다. 이 인간의 범주에 대한 법률은 새로운 사회 문화적 상황에 잘 맞아떨어진다.

성결법은 그 이전에 이미 정립된 것을 선명하게 연상시킨다. 이 법은 잘 알려진 개념을 다음의 말로 다시 표명한다. "이방인이든 본토인이든 너희에게는 법이 하나일 뿐이다." (레위 24,22) 이러한 강조는 구체적인 현실이 이 법적 지주에 대한 존중을 항상 보장하지 않았다는 것을 명확히 보여주는 표지이다. 그 이전의 두 세기 동안, 사실 예언자들이 이 원칙에 반하며 선조들의 하느님께 대한 신앙심을 좀먹던 불의한 행동들을 고발하려고 수차례에 걸쳐 개입했다. 또 몇몇 동시대의 예언자들도 같은 일을 했다. 말라키는 이방인의 권리를 왜곡하는 이들을 거슬러 하느님께서 몸소 증인으로 일어서신다는 것을 밝히고 있으며(말라 3,5 참조), 즈카르야는 이주민에게 피해를 끼치는 부정행위를 고발한다(즈카 7,10 참조). 게다가 시편집 또한 과부와 이방인을 살해하는 자들을 거슬러 주님께서 심판관으로 개입(시편 94,6-8)하시도록 주님께 말씀드리는 간청을 담지 않았던가? 바빌론으로 유배 갔던 이들이 이스라엘 땅으로 돌아왔을 때, 그들은 남아 있던 이들로부터 열렬한 환영을 받았다. 그러나 그들은 거기서 비이스라엘인 주민들을 보게 되었다. 그런데 구별의 형식을 확고하게 하려던 백성의 책임자들의 염려가 불행히도 이민족 혐오를 특징으로 하는 정체성 퇴보의 형태를 취하게 한다. 에즈라기 9장 2절에서 확인되는 제라 하 코데쉬(zera 'ha-qodesh)라는 표현은, '거룩한 씨'라는 뜻인데, 이런 의미에서 서글프게도 뜻하는 바가 크다.

레위기의 입법자 또한 백성의 거룩함에 집중하고 있는데, 그는 이 거룩함을 전적으로 사랑의 실천으로 제시하고 있다. "너희 땅에서 이방인이 너희와 함께 머무를 경우, 그를 억압해서는 안 된다. 너희와 함께 머무르는 이방인을 너희 본토인 가운데 한 사람처럼 여겨야 한다. 그를 너 자신처럼 사랑해야 한다. 너희도 이집트 땅에서 이방인이었다. 나는 주 너희 하느님이다."(레위 19,33-34) 단지 억압하지 말라는 것이 아니라, '이방인과 관련해 그를 자기 자신처럼 사랑하는 데까지 이르는 철저하게 책임을 지는 관계로 들어가라는 것이다!' 그렇다. 자신의 이웃을 자기 자신처럼 사랑하는 것, 몇 구절 앞서서(레위 19,18 참조) 발표된 이 원칙은 충만한 자격으로 거룩한 공동체의 일원인 형제(레위 19,17-18 참조)에게만 해당하는 것이 아니라 이방인에게까지 미치는 것이다. 우리는 여기서 이웃을 자기 자신처럼 사랑하라는 계명이 구체적인 사회적 계층과 관련된 용어로 명시되어 있는 유일한 경우와 마주하고 있음을 잊지 말자. 다른 한편, 이방인을 향한 사랑의 기초가 되는 동기들이 사회학적이거나 정치적인 고려에서 온 것이 아니라 신학적인 것에서 왔다는 것은 매우 의미 있다. "나는 주 너희 하느님이다."(레위 19,34) 우리는 마침내 비교적 감동적인 다음과 같은 것을 도출할 수 있을 것이다. 신명기(10,19)[13]에서 그런 것처럼 여기서도 이방인을 향한 사랑이 계명으로 주어지고 있지만, 구약성경 전체에서 이웃 사랑의 원칙은 여기에서 단 한 번만 표명되어 있다.

그러면 "다른 사람을 너 자신처럼 사랑하라."는 계명은 실질적으로 어떤 의미인가? 다음은 마틴 부버(Martin Buber)가 이에 대해 단 주석이다.

> "너 자신처럼"(레위 19,18)이라는 말은, 누군가 다른 이를 자신과 똑같이 또는 자신과 똑같은 방식으로 사랑해야 한다는 것처럼, 사랑하는 데에 어떤 기준이나 방법에 대한 것이 아니다(자기 자신에 대한 사랑이라는 개념은 구약성경에 전무하다). 그 의미는 '너를 위해 하듯이'이다. 그러니까 여기서 말하고자 하는 것은 "너 자신을 위해 하는 것처럼 행동하라."이다.[14]

레위기 본문은 요약하면, 우리에게 다음을 말하는 것으로 보인다. "다른 이를 사랑하라. 그는 너 자신과 같다!" 다른 이를 자기 자신으로 받아들이는 사람만이 그와 가까워질 수 있

---

13) P. BOVATI, "Lo straniero nalla Bibbia, II", pp.491-492. 참조
14) M. BUBER, *Deux types de foi. Foi juive et foi chrétienne*, Paris, Cerf, 1991, p.81.

다. 에리히 프롬(Erich Fromm)이 이방인에게로 방점을 옮겨놓으면서 우리에게 상기시키는 것도 바로 이것이다.

> 이방인이 나라는 것을 발견하자, 나는 나를 벗어난 이방인을 미워할 수 없게 되었다. 그러면 그는 나를 위해 존재하기를 멈출 것이기에.[15]

성경 영역으로 돌아오기 위해, 이스라엘인과 이방인 사이의 대등함을 강하게 선언하고 있는 레위기의 다른 구절을 강조하는 것이 좋을 것이다. "땅은 나의 것이다. 너희는 내 곁에 머무르는 이방인이고 거류민일 따름이다."(레위 25,23) 자신이 땅의 주인이라고 말할 수 있는 어떤 개인도, 집단도 없다. 모두가 이방인이며 주님 곁의 거류민이다. 모두가 같은 식탁에서 땅에서 나는 과일과 자원을 나누어 받고 이를 나눈다. 이방인을 사랑할 것을 요구하면서 입법자는 자연적 성향에 반하고 백성의 감정에 반하는 한 가지를 의식적으로 요구했다. 하느님께서 이스라엘에게 기대하는 참된 거룩함이 활약하는 곳은 구체적으로 이 박애가 실행되는 자리다. 그렇

---

[15] E FROMM, *Vous serez comme dieux. une interprétation radicale de l'Ancien Testament et de sa tradition*, Bruxelles, Complexe, 1975, p.124. 이 문제에 대한 접근에는 현대 문화를 특징짓는 목소리들, 특히 정신 분석학자 Julia Kristeva와 시인 Edmond Jabès의 목소리가 반영되어 있다. 나는 이 글의 세 번째 장에서 그들이 제시하는 것을 다시 논할 것이다.

다. 이방인을 향한 사랑에서, 이주민의 수용과 보호의 실천 속에서 하느님의 백성은 자신의 소명, 그러니까 자신의 진정한 신원을 실현한다. 그러나 이 모든 것은 다른 민족들과의 "다름"을 대가로 이루어진다.

3. "복을 받아라, 내 백성 이집트야, 내 손의 작품 아시리아야, 내 소유 이스라엘아!"(이사 19,25)

우리는 이 구절을 말없이 지나칠 수 없다. 이스라엘과 이방인 사이의 원칙적인 대등함을 확정하는 이러한 법적 작업들이 나타났을 때, 사실 여러 사건이 이에 대해 공개적으로 반대를 표명한 것 같다. 바빌론 유배에서 돌아왔을 때, 이방인 – 네카(nekar)라는 모멸적인 용어로 정의됨 – 의 '다양성'은 끔찍한 것으로 밝혀졌고 에즈라기와 느헤미야기가 보여주듯이 사람들은 이스라엘 사람들과 결혼한 이방인 여성들과 그 자녀들을 내쫓게 되었다(에즈 9-10; 느헤 13,23-30 참조). 결과적으로 이방인과 관련된 율법에 대한 해석이 축소된 것이다. 사람들은 이 율법들을 이스라엘의 신앙으로 개종하고 토라에 담긴 모든 요구를 수용한 이방인에게만 적용했다. 기원전 3세기부터 작성된 칠십인역 그리스어 성경에서 게르(ger)라는 용어가 일반적으로 개종한 이방인을 지칭하는 프로젤리토스(prosélytos)라는 말로 옮겨졌다는 것은 중요하다. 이런 축소라니, 아니 이방인에게 호의적인 법률이 이렇게 타락하다니!

그런데 예언이 기록되어 이스라엘에게 맡겨진 이후, 가시처럼 자리하게 된다. 에제키엘서의 한 구절이 이를 증언한다. "너희는 이 땅을 이스라엘의 지파에 따라 나누어 가져야 한다. 너희뿐 아니라, 자식들을 낳으면서 너희 가운데에 머무르는 이방인들도, 제비를 뽑아 이 땅을 상속 재산으로 나누게 하여라. 그들을 이스라엘 본토인처럼 대해야 한다. […] 이방인이 어느 지파에서 살든, 그곳에서 그에게 상속 재산을 나누어 주어야 한다."(에제 47,21-23) 다시 한번 오직 하느님의 소유인 땅의 분배에 대한 특별한 요청이 울려 퍼진다. 그러나 이스라엘은 이러한 요구를 실현할 능력이 있지 않다. 게다가 그리스도인도 능력이 없으면서 스스로 예언의 선물을 부여받았다고 생각한다. 에제키엘의 이 전망은 '새로운 계약', 인간의 돌 같은 마음을 도려내어 살 같은 마음, 곧 사랑할 수 있는 마음으로 바꾸시려는 하느님의 바람(에제 11,19; 36,26 참조)에도 불구하고 여전히 오늘날 하나의 꿈으로서 여전히 실현되기를 기다리고 있다.

이 이방인에게 호의적인 이스라엘의 율법 읽기의 결론으

로, 나는 아브라함에게 계시된 구원의 경륜이, 아브라함에게 주어진 축복이 세상의 모든 민족(goyim)에게로 확장되는 것(창세 12,1-3 참조)으로 요약된다는 것을 상기시키고자 한다. 이러한 개방은 다음 예언의 충만한 실현을 미래에서 찾게 만든다. "그날에 이스라엘은 이집트와 아시리아에 이어 세 번째로 이 세상 한가운데에서 복이 될 것이다. 곧 만군의 주님께서 "복을 받아라, 내 백성 이집트야, 내 손의 작품 아시리아야, 내 소유 이스라엘아!" 하고 말씀하시면서 복을 내리실 것이다."(이사 19,24-25) 이스라엘이 토라에 표현된 하느님께서 바라시는 것을 실질적으로 실현하면, 그리고 이스라엘이 자신의 권리가 이방인의 권리와 같은 것임을 깨달으면, 그래서 다른 이를 존중하고 어떤 동일화도 없다면, 이스라엘은 충만한 삶, 샬롬(shalom), 정의와 평화로 이끄는 '길'인 율법의 선물을 구체적으로 누릴 수 있을 것이다. 그러면 이 '길'은 모두에게 관계의 도구요, 땅과 연계된 참여의 도구이며, 공동의 삶과 친교의 도구가 될 것이다. 그래서, 꼭 그래서만, 아시리아와 이집트라는 이스라엘의 역사적 적들이 이제 자신의 고유한 신원을 갖고, 다른 민족이나 하느님의 축복이라는 같은 표상 아래 자리한 민족이 될 수 있을 것이다. 율법이라는 생명의 말씀을 통해 예루살렘이라는 한 어머니에게서 여러 민족이 태어나게 될 것이다(시편 87,87; 이사 2,3 참조).

II. 신약성경의 이방인

예수와 동시대의 유다이즘을 독립적이고 폐쇄된 현상으로 말하고, 그리스도교 운동을 보편적인 것으로 그에 맞서게 하는 것은 분명히 과도하게 단순화한 것이다. 이는 아주 고약한 호교론이 만들어낸 전적으로 상투적인 표현을 재생산하기까지 한다. 사실 이 시대에, 유다이즘은 극도로 다양하게 전개되었다. 이는 복수의 현상으로, 유일하신 하느님께 대한 신앙으로 일치해있지만, 이방인과 '민족들'(goyim)과 그들의 구원에 대한 문제에 서로 다른 태도를 견지하던 사조들과 집단들로 나뉘어 있었다.[16]

그들 중 일부는 편협하고 분파적인 답들을 생산한다. 반면에 다른 이들은 더 개방적이고 보편적인 자세를 궁리한다. 헬레니즘화한 유다이즘은 유다인과 타민족들을 거의 유사한 차원에 두고 있었다. 이 기준을 통해 유다이즘은 모두가 선을 공통적으로 추구한다고 보았다. 묵시적 전통은, 물론 다양한 의미에서이지만, 모든 인간이 악의 피해자이며 지속적으로 구원이 필요하다는 조건을 공유하고 있다는 전제에서 출발하여 구원을 우주적 차원으로 개방했다. 바리사이즘 또

---

16) G. BOCCACCINI, *Il medio giudaismo. Per una storia del pensiero giudaico tra il terzo secolo a.e.v e il secondo e.v.*, Gênes, Marietti, 1993, pp. 11-19. 참조

는 랍비즘(그리스도교의 곁에서 동시대에 발전한 유다이즘의 한 형태)은 무엇보다 개종이라는 형식으로 이방인에게 자신을 개방했다. 다른 집단들은 반대로 이민족을 향해 유배 이후의 시기 동안 두각을 나타낸 것으로 보이는 질투와 멸시라는 감정을 지속적으로 자양분으로 삼았다. 쿰란 공동체의 경우가 이러한 의미에서 예가 된다. 이 공동체에서는 구성원의 윤리적 순수성에 대한 질문이 계속되었고, 이는 또한 종말론적 개념에까지 투사되었다. 미래에 하느님께서 재건하시리라는 성전에 대한 물음이 담긴 본문에서 우리는 다음을 보게 된다. "이 집을 보라, 여기에는 마음의 할례나 육신의 할례를 받지 않은 자나 어떤 암몬인도 모압인도 사생아도 개종자도 이방인도 영원히 들어가지 못하리라."(「4QMidrash eschatologique」 III,3-4)

나자렛 예수의 자아와 행위는 바로 이러한 다양한 형태의 맥락에 자리한다. 이방인과 관련된 질문에 있어, 그분으로부터 유래하는 그리스도인 활동의 특별함을 직접적으로 파악하는 것은 매우 중요하다. 왜냐하면 민족들(goyim)을 자신의 품에 맞아들임으로써 교회는 근본적으로 보편적인 자세를 갖게 되기 때문이다. 이는 '민족들'을 제자로 삼기 위해 그들 가운데로 가라(마태 28,18-20; 마르 16,15; 루카 24,45-48 참조)는 부활하신 분의 명령의 결정적인 중요성을 교회 자신이 이해했다는 것을 드러내는 일이다. 이를 통해 교회는 예수 그리스도께서 선포하신 구원에 민족들을 참여하게 한다.

1. 예수, 이방인

신약의 구절들, 특히 복음의 구절들에서 강하게 등장하는 하나의 정보는 바로 이것이다. 곧 '예수' 그분이 이방인으로 인식되고 묘사되고 있다는 것이다. 그것은 그분이 "다르게" 살았기 때문이며, 그분을 만난 이후에 그분의 실존에 대한 이야기를 한 이들의 눈에 그분이 '다른 이'로 자신을 드러내셨기 때문이다. 단지 사회적 차원에서만이 아니라, 그분이 갈릴래아에서 오셨다는 사실은 예루살렘 사회가 확실히 그분을 주변인으로 보게 했다. "메시아가 갈릴래아에서 나올 리가 없지 않은가?"(요한 7,41) "갈릴래아에서는 예언자가 나지 않소."(요한 7,52) 다른 한편 그분에게 부여된 일상을 벗어난 카리스마적 권위는 예루살렘 성전을 다스리는 사제들, 그리고 그분을 위험하다고 생각하던 이들 편의 강한 반대를, 또한 그분이 성경을 권위 있게 그리고 통찰력 있게 알고 계신 것에 대해 질투하던 율법학자들 편의 강한 반대를 불러일으켰다.

이제 복음의 증언에 좀 더 가까이 가보자. 마르코 복음서는 그 작성 시기에 첫째로, 예언자들 특유의 고립이라는 그분의 사명과 경험을 통해, '"타자"의 모습을 떠맡은 이'로 '예수'를 우리에게 소개한다. 그분은 그의 스승 세례자 요한(우리는 재작업을 생각하고 있는데, 이는 마태오 복음서 11장 1절에서 5절에 그 흔적이 있다)의 기대와 관련해 타인이다. 그분은 '그분이 미쳤다.'고 판단하고 완력을 통해 그분을 집으로 데려가려던 자신의 가족과 관련해서 타자이다(마르 3,21 참조). 그분은 그분을 '악령이 들린 자'(마르 3,22 참조)라고 생각하던 당신의 종교 공동체와 관련해 타자이다. 또 그분은 나자렛의 동향 사람들(마르 6,1-11 참조)과 관련해 타자이다. 이 마지막 것은 명확하게 그의 고향에서의 일이기에 의미가 크다. 그의 고향은 예수께서 '당신 땅에 오신'(요한 1,11) 때에 알아보고 맞아들이는 메카니즘이 일어나야 하는 곳인데 역설적이게도 거부를 내놓았다. 그래서 예수는 이방인이 되었고, 원수로 이해될 정도까지(루카 4,16-30 참조) 되었다. 이 타자성에 대한 몰이해는 '아들'이, '포도원 소작인들' 바로 그들에게 파견되었던 아들이 '그들에게 살해되어 포도원 밖으로 던져졌을'(마르 12,8 참조) 때 절정에 다다르게 된다.

이러한 역동은 제4복음서(요한 복음서)에서 신학 작업을 거치게 된다. 거기서 예수의 이방성은 계시의 한 범주로 나타난다. 이방인이라는 것은 무엇보다 그분의 기원과 그분의 출신을 통해 정의된다. 그러니까 예수는 "아버지에게서"(요한 16,28), "하느님에게서"(요한 16,30), "하늘에서"(요한 3,31) 왔으며, 그분은 "위에서 왔으며, 이 세상에 속하지 않는다"(요한 8,23). 그래서 그분은 그분의 가족, 사회적, 지리적 배경으로부터 그분을 안다고 생각하는 이들('우리는 저 사람이 어디에서 왔는지 알고 있지 않습니까?' 요한 7,27: 그의 아버지와 어머니도 우리가 알고 있지 않는가? 요한 6,42)에게 이방인으로 나타나신다. 예수에 대한 진정한 지식에 도달하기 위해서는 그분을 이방인으로 인식해야 한다. 이 이방성의 차원은 전적으로 인종적인 기준에 따라 정의되는 것이 아니라, 그분의 행동, 그분이 사신 인간적 삶을 통해 정의되는 것이다. 그렇다. 예수, 육화하신 말씀[Logos](요한 1,14 참조), 하느님에 대해 알려주신[exegesato](요한 1,18) 그분, 이해받지 못하고 오해받은 그분은 이방인으로서 당신 대화의 상대방들에게 묻지 않을 수 없었다. "어찌하여 너희는 내 이야기(lalia* 말하고 이야기하는 방식)를 깨닫지 못하느냐?"(요한 8,43)

예수의 이방성은 사마리아 여인의 이야기(요한 4,1-42 참조)에서 다시 볼 수 있을 것이다. 거기서 그분은 '유다인들이 상종하지 않았던'(요한 4,9) 백성에 속하는 인물을 만나시기 위해 이방인이 되신다. 명확히, 이 여인은 예수님의 행동 때문에 혼란해져서는 이러한 말을 건넨다. "선생님은 어떻게 유다 사람이시면서 사마리아 여자인 저에게 마실 물을 청하십니까?"(요한 4,9) 예수, 충만한 권리로 하느님 백성에 속하는 그분이 이방인으로 인식되고 있다. 그분은 집회서(기원전 2세기 말)에서 여전히 내세우고 있는 종족 장벽을 넘어서려 하고 있다. "나 자신이 혐오하는 민족이 둘 있고 셋째 것은 민족이라고 할 수도 없다. 그들은 세이르산에 사는 자들과 필리스티아인들 그리고 스켐에 거주하는 어리석은 백성들이다."(집회 50,25-26) 그래서 이 이야기 잠시 뒤에 매우 아이러니하게도 제4복음서는 예수의 적대자들의 입에 다음과 같은 고발을 담아준다. "우리가 당신을 사마리아인이고 마귀 들린 자라고 하는 것이 당연하지 않소?"(요한 8,48)

내가 보기에 마지막으로 엠마오로 가던 제자들의 이야기(루카 24,13-35 참조)[17] 속에서 루카가 제공하는 이방인으로서의 예수에 대한 소개를 다루어야 한다. 부활하신 분은 여행자의 모습으로 두 제자에게 다가오셔서 그들과 함께 길을 가신다. 그때에 두 제자는 슬픔 속에서 나자렛 '예수'라는 예언자의 죽음에 대해 이야기하고 있었다. 그분이 그들에게 이야기하는 바가 무엇인지 묻자, 그들이 항변한다. "당신은 이 며

---

17) Michel de Certeau가 이 단락에 대해 제시하는 지적인 독해를 참조하라. M. DE CERTEAU, *"L'étranger"*, dans Études, 4, 2001, pp.491-495

칠 동안 일어난 일에 대해 모르는 유일한 이방인[paroikeîs]일 것이요!"(루카 24,18, 우리말 성경에는 "예루살렘에 머물렀으면서 이 며칠 동안 그곳에서 일어난 일을 혼자만 모른다는 말입니까?"로 번역돼 있다.) 그분은 '사람들과 길을 가시는 이방인'이시며, 식탁에 초대되어 빵을 나누는 동작으로 제자들이 그분을 알아볼 수 있을 때까지(루카 24,30-31 참조) 감춰진 분이시다. 그렇다. 빵을 나눌 때, 같은 식탁에서 식사를 할 때, 대화를 나눌 때, 사람들이 경험한 것을 되새길 때, 알아차림이 발생한다. 그렇게 이방인은 자신을 드러낸다. 이것은 파루시아(Parusia, 재림)까지, 최후에 하느님께서 나타나실 때까지 그렇게 갈 것이다. 주 예수님은 이방인(xénos)[18]으로 오실 것이며 그분을 맞아들였던 이들은 그날에 그분을 알아볼 수 있을 것이고 행복을 누릴 것이다(마태 25,34-35 참조).

2. 예수와 이방인

시나이에서 받은 계시와 거기서부터 유래하는 한 분이시며 유일하신 하느님께 대한 신앙을 민족들에게 선포하고자

---

[18] 그리스어 xénos는 이중 의미를 갖는다. 이 말은 이방인, 다른 이를 가리키는데, 이는 잠재적인 위협을 표현하는 것이다. 그러나 이 말은 또한 친구, 손님을 가리키기도 한다. 그러므로 이 말은 친숙한 실재와 낯선 실재를 동시에 떠오르게 한다.

하는 욕구가 예수님 시대의 이스라엘, 특히 디아스포라에서 강했다. 개종이 하나의 실제 운동이 되고 민족들 가운데 선교가 더 항구적으로 자리했다. 그런데 예수는 이 운동에 참여하지 않았다. 그분은 "이스라엘 집안의 길 잃은 양들에게 파견되었다."(마태 15,24)는 것을 알고 계셨고, 이 동기로 인해 당신 설교의 외연을 이스라엘 영토로 한정하셨다. 초대 교회가 이방인들에게 복음을 선포하는 것에 대한 거부를 예수의 입에 담을 수 없었음은 명백하다. 초대 교회는 이 사명에 그만큼 연관되어 있었다. 이러한 제한은 그러므로 단연코 예수 자신에게까지 거슬러 올라가는 진정성을 지니고 있다. 예수의 의도에 따르면, 열둘의 "파견된 이들", 곧 사도들의 사명을 구성한 것은 이스라엘의 열두 부족의 회복이었다. 사도들에게 이방인의 길이나 사마리아의 마을 길이 금지되지는 않았다(마태 10,5-6 참조). 사실 그들이 이스라엘의 모든 마을을 돌기 전에 '사람의 아들'이 올 것이다(마태 10,23 참조).

당신 백성의 한 사람으로서, '예수는 엘리야부터 세례자 요한까지 주님의 백성에게 말씀을 전한 예언자들의 연속성에 자리한다.' 이 예언자들은 이스라엘이 하느님의 구원 계획에서 수위를 차지한다는 것을 자각하고 있는 이들이다. 이것이 예수가 남몰래, 어떠한 선교 동기도 없이 티로와 시돈이라는 이방인 지역을 여행하는 동안(마르 7,24-30 참조), 그분에게 자신의 딸을 치유해 달라는 어떤 시리아 페니키아 여인을 만났을 때, 그녀에게 자신의 사명은 무엇보다 이스라엘에게 말씀을 전하는 것이지 "개들"이라고 부르는 이방인에게 전하는 것이 아니라고 한 이유이다. 그렇지만 이 여인은 아이들(이스라엘 자손)의 식탁에서 떨어지는 조각들을 개들('민족들')이 먹을 수 있다는 것을 강변하며 간청한다. 이 시리아 페니키아 여인의 당찬 기대 앞에서 예수는 그의 청원에 양보할 수밖에 없었다. 그 딸의 치유는 악마의 권세에서 해방시키는 것으로, 그래서 첫 열매가 되었고 후대에 충만하게 거두게 될 열매들에 대한 예언이 되었다. 똑같이 자신의 노예를 치유해달라고 예수에게 요청하는 카파르나움의 백인대장의 이야기(루카 7,1-10)에서도 주저함은 명백해 보인다〔"이들이 예수님께 〔…〕 간곡히 청하였다."(루카 7,10)〕. 이는 예수가 자신이 이방인의 집에 들어갈 수 없다는 것을 알고 있었기 때문이다. 그러나 백인대장의 큰 믿음〔"저는 주님을 제 지붕 아래로 모실 자격이 없습니다. 〔…〕 그저 말씀만 하시어 제 종이 낫게 해 주십시오."(루카 7,6-7)〕이 예수가 "내가 너희에게 말한다. 나는 이스라엘에서 이런 믿음을 본 일이 없다."(루카 7,9)라며 인정하게 만들었다.

'그러므로 예수는 타인의 이방성이 포함하고 있는 '거리와 다름을 부정하지 않는다.' 그러나 이방인이 하느님의 뜻을 받아들이고 구원 계획안에서 자신의 자리를 식별하는 것과 마주할 때 '그는 언제나 그 거리와 다름을 넘어설 줄 안다.' 예수가 결코 부정하지 않은, 오히려 그가 잘 알고 있는 문화적이고 인종적이며 종교적인 다름들은, 한 인물의 신원을 특징짓는 데에 매우 결정적인 요소들인 갈구, 기대, 신뢰의 수준에 미치지 못한다. 확실히, 복음서들은 예수를 결코 이방인을 멸시하는 이나 그들에 대해 부정적으로 바라보는 이로 소개하지 않는다. 이방인들이 그분을 맞아들이기를 원하지 않는다거나 이방인이라고 그분을 내치는 때조차도(루카 9,51-56) 마찬가지다. 반대로 그분은 능히 그들의 태도를 긍정적으로 해석하고 그것을 칭찬한다. 예를 들어, 치유 받은 열 명의 나병 환자 중 단 한 명의 이방인이 하느님께 영광을 돌리기 위해 왔을 때처럼 말이다(루카 17,18 참조). 비록 그분의 사목과 설교의 즉각적 대상이 이방인이 아니었음에도, 예수는 종말론적 지평에서 그들의 최종적인 참여를 이미 엿보았다. 그는 이와 관련해 예언자들의 희망을 이렇게 나눈다. "많은 사람이 동쪽과 서쪽에서 모여 와, 하늘나라에서 아브라함과 이사악과 야곱과 함께 잔칫상에 자리 잡을 것이다."(마태 8,11) 그분은 또한 예루살렘 성전이 "모든 민족들을 위한 기도의 집"(마르 11,17)이 될 것이라고 선언했다. 모든 민족은 당연히 이방인이다. 한편 예수께 대한 진정한 신앙 고백이 이방인, 곧 백인대장의 입에 담겨 있다는 것은 큰 의미를 갖는다. 그는 십자가 아래에서 이렇게 말한다. "참으로 이 사람은 하느님의 아드님이셨다."(마르 15,39)

예수는 어떤 '사마리아인'을, 그러니까 이방인이요 이웃이 아닌 자를 '이웃 사랑의 예'로 제시할 정도로 이방인에 대한 부정적인 전망을 넘어섰다. 선한 사마리아 사람의 비유(루카 10,29-37 참조)에서, 사실 자비의 능력을 보여주는 이는 이웃이 아닌 자, 비이스라엘인이다. 이 인물은 하느님의 백성에 들지 않는 자이며 유다인들이 관계 맺지 않는 사람(요한 4,9 참조)인데, 능히 동정심을 드러내 보이고 도움이 필요한 이에게 이웃이 되어 준다. 이스라엘 사람과 함께 이스라엘 공동체를 규정하는 삼인조(사제-레위인-백성)를 구성하는 이들이며 그래서 하느님 자비의 얼굴을 드러냈어야 하는 사제도 레위인도 그러지 않았다.[19] 예수의 가르침은 인종적 문화적 종교적 다름을, 만일 사람들이 신념과 지성을 갖추고 매우 적확한 자세를 수용한다면, 넘어설 수 있다는 것이다. 이 자세는 '자비를 행하는 것', 곧 이스라엘의 하느님의 전형적인 모습인 자비하고 너그러운 하느님(탈출 34,6 참조), 예수가 자신의 생애 전체에 걸쳐 이야기한 하느님, 그분의 감정과 행

---

19) M. GOURGUES, *"L'autre dans le recit exemplaire du bon Samaritain"*, dans M. GOURGUES, G. MAILHIOT(éd.), *L'Altérité. Vivre ensemble differents*, Montréal-Paris, Bellarmin-Cerf, 1986, pp.257-268. 참조

동에 동참하는 것이다. 하느님이 자비로우시다면 사람들 또한 서로에게, 특히 부족함을 겪는 이들에게 자비로워야 한다. 하느님의 직설법 서술이 인간에게는 명령법이다!

이방인을 맞아들이는 것에 대한 예수의 설교는 최후의 심판에 대한 복음서의 대목(마태 25,31-46 참조)에서 전적으로 계시의 절정에 이른다. 이 결정적인 시간에, '이방인에게 한 맞아들임의 승인이나 거부가 "나에게" 승인이나 거부로 나타날 것'이라고 종말론적 심판관, 곧 오시는 그리스도가 말한다. 이방인을 맞아들임은 모든 인간을 심판하러 오실 예수와 어떤 관계를 사는가에 대해 의식하지 않은 채로 수행할 수 있는 봉사 중의 하나이다. 그리고 그렇게 해서 이러한 행동이 많은 것을 낼 것이라고 복음은 확인한다. 그리고 심판의 순간에 이방인 안에 부족함을 겪는 인물이 있고, 그 인물 안에 사랑과 자비로 맞아들여 주기를 요청하는 예수가 있다는 것이 명확히 드러날 것이다.

"내가 나그네였을 때에 따뜻이 맞아들였다."
"언제 그랬습니까, 주님?"
"너희가 내 형제들인 이 가장 작은 이들 가운데 한 사람에게 해 준 것이 바로 나에게 해 준 것이다."
(마태 25,35.38.40)

그렇다. 이방인은 우리 공통의 아버지이신 하느님께서 우리에게 벗이요 형제로서 주신 이들로, 우리가 그 소리를 듣고 그를 맞아들이도록 부르심을 받은 타인이다. 이방인은 우리가 자유를 누리며 우리 자신으로 존재하도록 하기 위해 필요한 거리를 만들어주는 타인이다. 이방인은 자유를 누리며 그 자신으로 존재하도록 우리가 해 주어야 하는 타인이다. 타인, 이방인은 우리에게 하느님에 대해 말해주는 사람이고, 하느님은 그를 통해, 우리가 하느님 그분의 모상이며 닮은 자로서, 자비롭고 너그러운 자가 되도록 우리의 이기주의, 우리의 자기애(philiautía)에서 벗어나도록 요구하시며, 우리에게 말씀하신다. 그리고 잊지 말자. 이방인을 맞아들이는 것은 그리스도인에게 일반적이며 일상적인 차원의 것이다. 왜냐하면, '주님의 기도'가 제시하는 것처럼, 형제애는 매일 살아내야 하는 것이기 때문이다.

3. 그리스도인 : "이방인과 나그네"(1베드 2,11)

이방성이라는 주제는 하느님으로부터 결정적으로 파견되신 분이며, 사람이 되신 하느님의 말씀이고, 인간 각자를 찾아와 하느님과의 친교에 다가갈 수 있게 신적 생명에 참여할 수 있도록 해 주려고(2베드 1,4 참조) 그분 안에서 하느님 당신 자신이 스스로 이방인이 되신 그 사람, 곧 예수의 유일한 특성을 돋보이게 하려는 최초의 계획을 분명히 드러내는 정식으로 구성되어 있다.

이 예수의 이방성은 그분의 제자들에게 그들이 이번에는 이방인이 되어 "세상에 속하지 않고 세상에 있는"(요한 17,11-16 참조) 그들의 실재를 살아가도록 요구한다. 게다가 예수를 따랐던 이들은 이것을 그들 고유의 신원을 구성하는 특징으로 삼을 정도로 이 지평을 함께 하지 않았던가? 바오로의 언사를 다시 취한다면, 그리스도인은 "새로운 피조물"(2코린 5,17)이다. 그래서 그리스도 안에서 유다인과 그리스인 사이에 더는 어떤 반대도 없다(갈라 3,28 참조). 반대로 진정으로 그리스도에게 속함은 그리스도인을 아브라함의 후손이 되게 한다(갈라 3,29 참조). 아브라함은 "하느님의 말씀을 따르고 이 세상에서 이방인으로 사는 것을 견디어 낸 이들 모두의 아버지"[20]이다. 그리스도의 제자는 더는 분리와 반목의 벽을 세울 수 없다(에페 2,14 참조). 그리스도의 제자는 그리스도 당신의 몸 안에서 화해하는 다양성(에페 2,16 참조)의 한 가운데에 자리하기 위해 전적으로 준비하고 있어야 한다. 그분의 몸 안에

---

20) IRÉNÉE DE LYON, *Contre les hérésie*, IV, 25,1, Paris, Cerf(coll. Sources chrétiennes, n⁰ 100-2), p.75.

서 우리는 "더 이상 외국인도 아니고 이방인[pároikoi]도 아닙니다. 하느님의 한 가족[oikeíoi]입니다."(에페 2,19) 그러므로 그리스도인의 시민성(políteuma)은 하늘에 있다(필리 3,20 참조). 그리스도인은 여기에서 항구한 것을 소유하지 않고 다가오는 항구한 것을 찾고 있다(히브 13,14 참조).

사도 베드로는 "이방인이고 거류민"[gerim wetoshavim (레위 25,23)]이라는 이중 표현(hendiadis)으로 압축된 이스라엘 선조들의 상황을 떠올려서, 이 표현을 "이방인과 나그네"[paroikoi kai parepidemoi (1베드 2,11)]라고 옮기고 사람들 사이에 일시적으로 머무는 이방인으로 그리스도인에 대해 암시적인 정의를 제공하고 있다. 그리스도인은 자신의 집에서 먼 곳에, 타인의 거처에 머물 곳을 얻어 체류하고 있다. 그래서 그리스도인의 삶의 형태는 "체류하는 거주민"의 행동으로 수렴될 것이다. 이는 자신 안에 안정적으로 머물고 있지만 다른 곳을 향해 옮겨 가면서 체류한다는 것을 말한다. 그리스도인이라는 명사는, 결과적으로 "길을 따르는 이들"(사도 9,2 참조) 또는 "흩어져 나그네살이를 하는 선택된 이들"[elekoi parepídemoi diasporâs (1베드 1,1)]이라는 것이고, 교회 곧 그들의 공동체는 이 세상의 도성에서 언제나 이방적(paroikoûsa)이라는 것이다.[21]

그러므로 예수의 이방성이라는 지평은 교회 '자신의' 구성 요소가 된다. 교회는 이방인이라는 것을 자각하고 교회를 결정적인 방식으로 규정하는 조국이나 민족을 갖지 않은 채, '오시는 주님께 대한 종말론적 기다림 속에서 살아가라고' 또 이 최종 현현(顯現)에 대해 사람들 사이에서 기억과 상징이 되라고 '부르심 받은' 순례하는 일시적 공동체로 자신을 식별한다. 교회가 자신을 빚으신 주님과 그분의 뜻에 충실히 머문다면, 교회는 가난한 이들을 알아보고 그들이 교회를 알아보도록 해주는 하나의 골격을 제공할 것이다. 교회는 그러면 다수의 친교에 충만하게 충실함으로 이방인을 맞아들일 수 있을 것이고, 민족주의의 유혹과 조국이라는 논리와 인종적 기초로 타인의 신원을 확인하는 것과 같은 것에 더는 갇히지 않을 것이다.[22]

교회는 가난하고 연약하지만 그렇게 해서만 극명하고 투명하게 되어, 다가오는 왕국의 상징이 될 수 있을 것이다. 그 왕국에서 모든 민족은 최종적으로 하느님께서 신앙인의 아버지요 구원을 기다리는 이들의 원형인 아브라함에게 주신 축복의 한몫을 차지하게 될 것이다.

---

21) *Martyr de Polycarpe*, prologue; CLÉMENT DE ROME, *Première épitre aux Corinthiens*, prologue. 참조
22) 콘스탄티노플에서 1872년에 열린 오대 총대주교(Pentarchia)의 마지막 시노드가 "philetisme", 곧 교회의 조직에 있어 국가나 인종에 따르는 원리를 단죄한 것은 진리를 드러낸 것이다.

이제 이 관점을 따라가면, 우리는 사도 교회가 자신의 품에 이방인을 맞아들이는 데 겪은 어려움을 잊지 않게 될 것이다. 베드로는 할례받지 않은 이들에게 복음을 선포하는 것을 시작하게 되었지만(사도 10-11장 참조) 곧이어 비유다계 그리스도인의 식탁에 앉는 것을 주저했을(갈라 2,11-14 참조) 정도로 힘겨운 전환을 겪었다. 신약성경은 그리스도교 메시지의 새로움에 대해 의심할 여지 없이 증언하고 있다. 하지만 신약은 사도들과 최초의 공동체들이 겪은 반대도 감추지 않는다. 그렇지만 오순절의 불길이 모든 주저함을 쓸어버리고 교회가 그 결정과 태도에 있어 전진할 수 있도록 할 것이다(사도 10,44-48 참조). 그렇다. 그리스도인의 이방성은 그들의 '다름'의 구성 요소이며, 민족들 가운데서의 '아름다움'(1베드 2,12 참조) 같이 결정적인 행동을 통해 표현되어야 하는 그들 회개의 진실함을 보여주게 한다.

이 단계에서, 우리에게는 「디오그네투스에게 보낸 편지」의 글에서 비상한 말씀을 읽는 것만 남았다. 이는 주후(主後) 2세기의 그리스도인이 어떻게 자신을 정의하고 있는지 확인하기 위한 것이며 우리의 오늘을 위해 이를 되새기기 위한 것이다.

> 그리스도인을 다른 사람들과 구분지어 주는 것은 국가도

언어도 복장도 아니다. 그들은 고유의 도시에서 살지 않고, 특별한 지방어를 사용하지도 않으며 삶의 양식도 별나지 않다. [...] 그들은 각자에게 귀속된 운명을 따라 그리스 도시나 미개인의 도시에 흩어져 산다. 그들은 복장과 음식, 삶의 방식에 있어 지역의 관습을 따른다. 그러나 그들의 영적 공화국의 특별하고 참으로 역설적인 법률을 드러내며 관습을 따라 산다. 그들은 자기 고유의 고향에서 각자 머물고 있지만, 이방인(pároikoi)처럼 있다. 그들은 시민의 모든 의무를 수행하고 이방인(xénoi)처럼 모든 의무를 감당한다. 그들에게 모든 이방(xénè)의 땅은 고향이며 모든 고향은 이방(xénè)의 땅이다. 그들은 세상 사람처럼 결혼하고 아이를 갖는다. 그러나 그들은 자신의 아기를 버리지 않는다. 그들은 모두 같은 식탁에 앉지만, 같은 침상을 쓰지는 않는다. 그들은 육신 안에 있지만 육신에 따라 살지 않는다. 그들은 지상에서 자신의 삶을 살지만 하늘이 시민이다. 그들은 현행법에 복종하나 삶의 방식의 완전함이 법을 능가한다. 그들은 모든 사람을 사랑하지만 모든 이가 그들을 박해한다. 사람들은 그들을 오해하고 단죄한다. 사람들이 그들을 죽이나 이를 통해 그들은 생명을 얻는다. 그들은 가난하나 수많은 이를 부유하게 한다. 그들은 모든 것이 부족하나 모든 것이 넘쳐난다. 사람들이 멸시하나 그 멸시에서 그들은 영광을 발견한다. 사람들이 중상하나 그들은 의롭게 된다. 사람들이 모욕하나 그들은 축복한다. 사람들이 모독하나 그들은 영광스럽게 한다. 선만을 행하는데도 그들은 흉악범처럼 응징당한다. 응징당하면 그들은 마치 생명에 입문하듯이 기뻐한다. 유다인들은 이방인에게 하듯이 그들과 전쟁을 벌인다. 그들은 그리스인에게 박해당하나 그들을 싫어하는 이들은 그들에 대한 증오의 이유를 설명하지 못한다. [⋯] 그리스도인은 세상에 살지만 세상에 속하지 않는다. [⋯] 그들은 이방인(paroîkousin)처럼 이 썩어 없어질 곳에서 천상의 썩지 않을 것을 기다리며 살아간다.[23]

---

23) *À Diognète*, V, 1-2.4-17; VI, 3.8, Paris, Cerf(coll. Sources chretiennes, n° 33 bis), 1965, pp.63-65 et 65-67.

2장

"내가 나그네였을 때에
따뜻이 맞아들였다."
(마태 25,35)

2장 "내가 나그네였을 때에 따뜻이 맞아들였다." (마태 25,35)

'빵도 조금 가져오겠습니다. 원기를 돋우십시오.' (창세 18,5)
우리가 누군가에게 이보다 더 인간적으로 말할 수 있을까?

루퍼트 드 도츠(Rupert de Deutz)

현자는 모든 단계의 관용을 올라가, 형제애가 눈길이며 환대는 손이라는 것을 발견한 자다.

에드몽 자베스(Edmond Jabes)

최후의 심판의 위대한 날에, 사람의 아들이신 주 예수 그리스도께서 영광 중에 오실 때(마태 25,31 참조), 자신의 삶에서 이방인과 나그네와 순례자를, 그들이 신앙인이든 비신앙인이든, 그리스도인이든 비그리스도인이든, 환대하고 맞아들이는 것을 실천한 이들은 하느님의 나라에 참여하라는 초대를 받을 것이며 "아버지의 복받은 이들"(마태 25,34)이라 불릴 것이다. 그러나 이것이 다가 아니다. 그들은 그가 누구이든 한 인간을 맞아들이는 때마다 그리스도 그분을 받아들인 것(마태 25,35.40 참조)임을 발견하게 될 것이다. 눈에 보이는 한 사람을 받아들이면서 그들은 눈에 보이지 않는 하느님을 맞아들인 것이다(1요한 4,20-21 참조).

히브리서의 저자가 다음과 같이 권고한 것은 바로 이러한 구체적인 이유에서이다. "손님 접대[philoxenía]를 소홀히 하지 마십시오. 손님 접대를 하다가 어떤 이들은 모르는 사이에 천사들을 접대하기도 하였습니다."(히브 13,2) 그러니까 그는 아브라함이 마므레의 상수리 나무 아래에서 세 이방인을 맞아들일 때, 하느님의 방문을 받아들인(창세기 18,1-16 참조) 창세기의 한 장을 그리스도인에게 상기시키고 있는 것이다. 아브라함, 유일하신 하느님을 믿는 이들의 이 선조는 모르는 이방인을 맞아들임으로써 그분이신 줄 모르고 하느님께 환대를 베푼 자다. 그는 사람들에게 우정을 베풀 줄 알았기에, "하느님의 벗"(야고 2,23)이 되었다! 유다교와 그리스도교의 전통이 아브라함을 "하느님의 벗"이라 부르고, 무슬림 전통도 거의 비슷하게 그를 알-칼리(al-Khalil), "벗"이라고 한다. 이는 사람들에게 곧 하느님이시라는 것이 밝혀지게 될 이에게 베푼 그의 환대의 행위로부터 기인한 것이다.

아브라함의 후손들, 믿는 이들, 그들이 어떠한 상호적 관계로 부르심을 받았는지 그리고 하느님께서 그들에게 기대하는 모든 사람과 관련해 맞아들임과 환대의 자세란 어떤 것인지 이해할 수 있도록 해주는 것이 아브라함이 실천한 환대의 표상 안에 있다. 한편, 수천 년의 역사, 곧 거부, 적의, 타인에 대한 부정과 비환대가 벌어진 그 역사 안에서도 이 환대가 끼친 영향이 적지 않았다. 5세기 중반 가자(Gaza) 출신의 그리스도인 역사가 소조메누스(Sozomenus)는 이런 기록을 남겼다.

오늘날에도 여전히 마므레에서는 매해 여름마다 지역 사람들과 팔레스타인, 페니키아, 아랍 등 더 먼 곳에서 온 다른 이들이 모여 화려한 집회를 열고 있다. [...] 축제에는 열의에 찬 모든 이가 몰려들었다. 유다인들은 아브라함이 선조라는 자부심으로 참여하는 데 비해, 이교도들은 천사들이 방문하였다고, 그리스도인들은 나름대로 후일에 동정녀에게서 태어나셔서 인류의 구원을 위해 당신을 드러내신 분이 이 신앙심 깊은 사람에게 나타나셨다며 찾아왔다.[24]

아브라함이 세 나그네에게 제공한 환대에 관한 성경의 이 한 장면이, 재독서를 통해, 가시적인 방식으로, 다시금 재현한 신앙을 통해, 또 랍비, 교부, 이슬람의 현인 등 신앙인들의 기억을 통해 역사를 가로질러 왔다는 것은 우연이 아니다. 산비탈레(San Vitale) 성당과 산마르코(San Marco) 성당의 모자이크들, 비잔틴 이콘들, 안드레이 루블레프와 마르크 샤갈을 떠올려보자. 이 세 나그네를 맞아들임이라는 사건 속에서 계시가 선포되었으며, 다른 한편으로는 다가오신 말씀, 생명의 약속이 환대하기를 보여준 이에게 전달되었다. 아브라함에게, 꼭 엠마오로 가던 제자들에게처럼(루카 24,13-35 참

---

24) SOZOMÈNE, *Histoire Ecclésiatique*, II, 4, 1-3, Paris, Cerf,(coll. Soureces chrétiennes, n° 306), 1983, p.247.

조) 환대의 실천이 계시를 제공해 주었다. 이는 사람들을, 곧 모르는 사람이거나 이방인이라도 인간이라는 이유로 형제들을 맞아들이는 자는 '타자'와의 만남에 자신을 내놓는 것이기 때문이다. 성 대 그레고리오 교황은 엠마오로 가던 길에서 제자들과 이름 모를 나그네와의 만남에 다음과 같은 말로 주석을 달았다. "그들은 그리스도를 아직 하느님으로 사랑하지 않고 있었다. 하지만 그들은 어떤 순례자를 사랑했다. 그렇게 이들은 그리스도를 사랑한 것이다."[25)]

또 그리스도교와 이슬람의 경계에 자리했던 선견자 루이 마시뇽(Louis Massignon)은 다음과 같이 정확하게 기술했다. '환대는 아브라함이 모든 신앙인에게 남긴 위대한 유산이다.' 모든 참된 행복을 함축하는 것이 참된 행복이다. 다른 모든 자선 행위를 요약하는 것은 자선이다. 하느님을 만날 수 있게 해 주는 것은 행동이다. 하느님은 이방인 안에서 우리의 손님이 되어 찾아오신다.[26)]

---

25) GRÉGOIRE LE GRAND, *Homeliae in Euangelia*, 23, 1
26) 마시뇽의 다른 글들에서 이런 내용을 담고 있는 구절들인데, 다음에서 인용한 것이다. P. ROCALVE, "L'hospitalité d'Abraham", dans É. MOATTI, P. ROCALVE, M. HAMIDULLAH, *Abraham*, Paris, Centurion, 1992, p.86.

1. 마므레의 아브라함

다음이 우리 독서의 대상이 되는 본문이다.

주님께서는 마므레의 참나무들 곁에서 아브라함에게 나타나셨다. 아브라함은 한창 더운 대낮에 천막 어귀에 앉아 있었다. 그가 눈을 들어 보니 자기 앞에 세 사람이 서 있었다. 그는 그들을 보자 천막 어귀에서 달려 나가 그들을 맞으면서 땅에 엎드려 말하였다. "나리, 제가 나리 눈에 든다면, 부디 이 종을 그냥 지나치지 마십시오. 물을 조금 가져오게 하시어 발을 씻으시고, 이 나무 아래에서 쉬십시오. 제가 빵도 조금 가져오겠습니다. 이렇게 이 종의 곁을 지나게 되셨으니, 원기를 돋우신 다음에 길을 떠나십시오." 그들이 "말씀하신 대로 그렇게 해 주십시오." 하고 대답하였다. 아브라함은 급히 천막으로 들어가 사라에게 말하였다. "빨리 고운 밀가루 세 스아를 가져다 반죽하여 빵을 구우시오." 그러고서 아브라함이 소 떼가 있는 데로 달려가 살이 부드럽고 좋은 송아지 한 마리를 끌어다가 하인에게 주니, 그가 그것을 서둘러 잡아 요리하였다. 아브라함은 엉긴 젖과 우유와 요리한 송아지 고기를 가져다 그들 앞에 차려 놓았다. 그들이 먹는 동안 그는 나무 아래에 서서 그들을 시중들었다.

　그들이 아브라함에게 "댁의 부인 사라는 어디에 있습니까?" 하고 물으니, 그가 "천막에 있습니다." 하고 대답하였다. 그러자 그분께서 말씀하셨다. "내년 이때에 내가 반드시 너에게 돌아올 터인데, 그때에는 너의 아내 사라에게 아들이 있을 것이다." 사라는 아브라함의 등 뒤 천막 어귀에서 이 말을 듣고 있었다. 아브라함과 사라는 이미 나이 많은 노인들로서, 사라는 여인들에게 있는 일조차 그쳐 있었다. 그래서 사라는 속으로 웃으면서 말하였다. '이렇게 늙어 버린 나에게 무슨 육정이 일어나랴? 내 주인도 이미 늙은 몸인데.' 그러자 주님께서 아브라함에게 말씀하셨다. "어찌하여 사라는 웃으면서, '내가 이미 늙었는데, 정말로 아이를 낳을 수 있으랴?' 하느냐? 너무 어려워 주님이 못 할 일이라도 있다는 말이냐? 내가 내년 이맘때에 너에게 돌아올 터인데, 그때에는 사라에게 아들이 있을 것이다." 사라가 두려운 나머지 "저는 웃지 않았습니다." 하면서 부인하자, 그분께서 "아니다. 너는 웃었다." 하고 말씀하셨다.

　그 사람들은 그곳을 떠나 소돔이 내려다보이는 곳에 이르렀다. 아브라함은 그들을 배웅하려고 함께 걸어갔다.
(창세 18,1-16)[27]

이 이야기는 아브라함과 롯의 역사(창세 13장, 18-19장 참조)로 구성된 앞뒤 맥락 안에서 읽어야 한다. 하란을 떠난 후, 아브라함과 그의 조카 롯은 가나안 땅에 다다른다(창세 12,4-6 참조). 이후 기근 때문에 그들은 이집트로 내려간다(창세 12,10 참조). 마침내 베텔로 되돌아와서, 그들은 가축 떼를 위한 충분한 초지를 나누어 서로 갈라선다(창세 13,5-9 참조). 롯은 "물이 넉넉하여 마치 주님의 동산과 같고 이집트 땅과 같은"(창세 13,10) 요르단 들판을 선택하는 반면, 아브라함은 "헤브론에 있는 마므레의 참나무들 곁으로 가서 자리 잡고 살았다." (창세 13,18)

아브라함이 마므레의 참나무들 곁, 곧 하느님께서 이미 그에게 나타나셔서 그의 이름을 바꾸어 주시고 그에게 표지로서의 할례를 요구하시며(창세 17장 참조) 그와 계약을 맺으신 곳에 자리 잡고 있을 때였는데, (와우!) 하느님께서 갑자기 방문하심으로 그의 삶에 들이닥치신다. "주님께서는 마므레의 참나무들 곁에서 아브라함에게 나타나셨다."(창세 18,1) 에피소드 전체를 일견 요약하고 있는 이 구절은 독자에게 말하는 것이다. 이렇게 해서 독자는 단박에 이는 주님의 방문이고,

---

27) 이 본문 전체에 대한 훌륭한 주석으로는 다음을 참조하라. L. DI PINTO, "*Abramo e lo straneiro*(Gen 18,1-16)", dans *Rassegna di Teologia*, 38/5, 1997, pp.597-620 et 38/6, 1997, pp.735-769. 다음도 참조하라. P. STEFANI, *Il nome e la domanda*, Brescia, Morcelliana, 1998, pp.206-216.

아브라함이 주님을 이 현현을 통해 맞이하게 된다는 것을 미리 알게 된다. 그러니까 우리는 아브라함과 사라가 모르는 것을 알게 되고, 그로부터 우리에게 많은 의문을 갖게 하는 이야기의 흐름 속으로 끌려 들어가게 된다.

모든 것은 마므레에서 한창 더운 대낮에 전개된다. 그때 아브라함은 유목민 천막의 어귀에 앉아 있었다(창세 18,1 참조). 그는 분명 한낮의 휴게 시간에 뜨거운 열기 아래 졸고 있었을 것이다. 본문은 사람들이 일을 내버려 두고 쉬는 바로 그 시간에 있다는 것을 지적하면서, 이를 암시하고 있다. 이 시간은 환대에는 부적절한 시간, 그러니까 누군가를 잘 맞아들이기에는 어지러운 때다. 그런데 다른 정보가 등장하는데, 이는 더 놀랍다. '아브라함의 위치', 그러니까 그의 천막의 '문턱'(우리말 성경 '어귀')이다. 거기는 안쪽을 지키면서 동시에 밖을 볼 수 있는 곳으로, 사적인 삶과 공적인 삶의 경계가 되는 선에 그가 있는 것이다. 문턱은 그것이 우리의 것이든 타인의 것이든, 사람들이 다른 사람을 만나기 위해 자리 잡아야 하는 곳으로 실존적인 장소이다. 문턱은 차이를 표시하면서 동시에 전적으로 관계나 다른 것에 개방되어 있다. 문턱은 지나가는 사람과 그 자리에 찾아오는 사람과 되풀이되는 소통의 첫 자리를 상징한다.

비몽사몽간에 있던 아브라함이 "눈을 들어 보니 자기 앞에

세 사람이 서 있었다."(창세 18,2) 그가 눈을 들어 보았다. 거의 우연이었을 것이다. 그의 시선이 앞에 있는 이에게 가 닿았다. 그리고 놀라서 보니, 세 사람이 보였다. 아브라함은 이들의 출현에 놀란 것으로 보인다. 그 세 사람이 그를 향해 다가오고 있는 것이 아니었다. 그들은 거기, 그의 앞에 있었다. 그는 그들이 다가오는 것을 알아채지 못했다. 그들 세 사람, 세 이방인은 그의 무리나 롯의 무리에 속하지 않는 이들이었다. 그가 천막 어귀에 있었다는 것은 그가 전적으로 그들의 방문에 개방적이게 해준다. 유다 전통에, 한 훌륭한 문헌이 이러한 차원을 강조하고 있다. 그 문헌은 아브라함의 천막을 이렇게 묘사하고 있다. "누구도 오지 않는 날이 없을 정도로 언제나 개방되어 있었다. 배고픈 자는 먹을 것과 마실 것을 풍성하게 받았고, 헐벗고 온 이는 옷을 입혔다. 이런 식으로, 이 선조는 자신의 손님이 그를 창조하시고 세상에 태어나게 하신 주님을 알 수 있도록 이끌었다."[28]

아브라함은 유일하신 하느님께 대한 첫 신앙인으로, 말로써가 아니라, 자기 곁에 오는 이들을 맞아들임으로써, 그의 인류애를 드러냄으로써 자신의 하느님을 드러내었다.

---

28) *Le Livre du juste, Wa-jera* 42b

2. 이방인들의 방문

아브라함은 무엇을 보았는가? 매우 간단하게 세 사람이다. 본문은 그들의 신원을 확인할 수 있는 어떤 말도 담고 있지 않다. 그들의 외모나 인종적 특성, 신체적 특징, 의복, 키에 대한 어떤 세부 묘사도 없다. 누군지 모르는 세 사람, 이방인들, 그리고 그들 앞에 아브라함이 있다. 탈무드는 아브라함이 "사막의 아랍 유목민일 것이라 생각했다."[29]고 단언하며, 다음과 같이 주를 달고 있다. "나그네들에게 제공되는 환대는 셰키나(Shekina, 하느님의 현존)[30]를 맞아들이는 것보다 위대한 행동이다." 사실 랍비들에 따르면 한 사람을 맞아들이는 것은 하느님 그분만을 맞아들이는 것보다 중요하다. 여기서 중요한 것은, 매우 인간적인 이러한 환대에 우선권을 부여한다는 것이다. 그렇다, 우리의 하느님은 사람들이 당신께 봉사하기에 앞서 사람에게 봉사하기를 요구하신다. 그리고 이를 수행하면서 우리는 명확하게 하느님께 드리는 제의(cultus)를 충만하게 한다. 왜냐하면, "눈에 보이는 자기 형제를 사랑하지 않는 사람이 보이지 않는 하느님을 사랑할 수는

---

29) *bQiddushin*, 32b. 참조 Genèse Rabba 48,9 : "한 사람은 사라센인의 모습으로, 다른 이는 나바테아인의 모습으로, 그리고 세 번째는 아랍인의 모습으로 그에게 나타났다."
30) bShabbat, 127a.

없기"(1요한 4,20)³¹⁾ 때문이다.

그래서 어떤 행동을 취하는 것, 한마디 건네는 것은 아브라함의 몫이 된다. 무엇보다, 그는 앞에 서 있는 세 사람이, 자신의 문을 두드리며 자신의 천막 곁에서 조용히 기다리고 있는 이들이, 세 명의 이방인이라는 것을 알아챘다. 그들은 이방인들이 자주 그러하듯이 입을 다물고 있다. 그들은 요구할 줄도 모르고 감히 그러지도 못하고, 어쩔 수 없이 이해하기도 풀어내기도 어려운 언어인 침묵으로 소통할 수밖에 없다. 하지만 아브라함은 침묵을 알아들을 줄 알았고 사람이 말씀이며 동시에 침묵이라는 것, 사람은 침묵에서 나온 말씀이라는 것을 알았다. 믿는 이들의 아버지는 '밖에서 오는 목소리'를 들을 수 있도록 모든 이 안에 자리한 일종의 힘에 의해 내적으로 자극되었다. 그는 자기에게 다음과 같이 말씀하시는 하느님의 목소리를 첫 번째로 들은 사람이다. "너 자신을 향

---

31) 그리스도교 전통과 관련해 우리는 다음의 훌륭한 예수님의 아그라폰(*복음 외의 다른 고대의 글들에서 발견되는 예수님의 말씀)을 인용할 수 있을 것이다. "네 형제를 보았느냐? 너는 너의 하느님을 뵌 것이다." 이는 알렉산드리아의 성 클레멘스가 인용한 것이다[Stromates, I, 19, 94, Paris, Cerf(coll. Sources chrétiennes, n° 30), 1951, p.119; II, 15,70, Paris Cerf,(coll. Sources chrétiennes n° 38), 1954, p.89.] 그리고 성 테르툴리아노(De oratione, XXVI)도 인용했다. 후자는 특별히 이 말을 환대의 맥락에 놓고 있는데, 사막 교부들의 전통에서도 그렇게 하고 있다. [아폴로 아빠스가 벗들을 맞아들이는 것에 대해 말했다. "찾아오는 벗들의 앞에 엎드려야 한다. 왜냐하면 우리가 엎드리는 것은 그들의 앞이 아니라 하느님 앞에 하는 것이기 때문이다. 사실 이렇게 말씀하셨다. '네가 너의 벗을 보았다는 것은 네가 너의 주 하느님을 뵈었다는 것이다.' 이러한 것은, 그분은 말을 이었다, 아브라함으로부터 전수된 전통이다.] (Apollos 3; les Sentences des Pères du Désert. Collection alphabétique[trad. L. Regnault), Sable-sur-Sarthes, Solesmes, 1981, p.60.)

해 가거라."(lekh lekha: 창세 12,1) 그가 이제 이 놀라운 침묵도 알아들을 줄 아는 것이다. '다른 분의 말씀'을 맞아들이는 데에 익숙한 사람이, 다른 인간 존재로부터 오는 요청을, 그것이 언어적으로 표현되었든 아니든, 그것을 맞아들이는 데까지 이른 것이다.

아브라함이 수행하고 말한 그 모든 것은 그의 경청의 결과물일 뿐이다. 그는 그들을 만나러 달려감으로써 세 이방인에게 이웃이 되어주고(루카 10,36 참조), 그들 앞 땅에 엎드리고 그들을 초대한다. 아니 더 나아가, 그의 손님이 되어 주는 혜택을 자신에게 베풀어달라고 그들에게 간청한다(창세 18,2-3 참조). 사실 아브라함은 세 손님을 환영받는 이들 곧 호의로 찾아온 이들로 맞아들인다. 그래서 이들은 복을 안고 오는 이들로 인식되고 그래서 복을 누릴 수 있는 이들이 된다. 아브라함의 행위는 그가 환대의 능력이 있음을 말해주고 있는 것이다. 그는 자신의 손님들에게 이름을 묻지 않는다. 그는 그들이 어디서 왔는지, 무엇을 바라는지 알려 하지 않고 또 그들의 신원에 대해 알지 못하지만, 그들이 마치 그보다 우위의 계급과 위엄을 지닌 것처럼 그들에게 존경을 표한다. 이렇게 그는 바닥까지 몸을 굽힘으로써 자신을 "아래에 놓는다." 그리고 이 모르는 이들에게 자신의 존경을 나타내 보이고 나서 그들에게 말을 건넨다. "나리('Adoni), 제가 나리 눈에 든다면, 부디 이 종을 그냥 지나치지 마십시오."(창세 18,3) 아브라함은 이 세 이방인이 누구인지 몰랐지만, 그들을 "나리"라고 부르며 자신을 "종"('eved)으로 규정한다. 이러면서 그는 권위로 충만한 언어를 사용한다. 왜냐하면 그는 다른 이를 커지게 하고 있기 때문이다(auctoritas는 augere, "커지게 하다"에서 온 말이다). 아브라함은 다른 이를 자신보다 우월한 주체로 보고 있다. 환대를 청하기 위해 침묵 속에 나타난 이는 비이방인, 그러니까 비원수로 판별되고 인식된다. 비록 모르는 자이지만, 그럼에도 인간이라는 것은 남는다. 그를 받아들이고 그에게 봉사하는 이는 그를 주인('Adon)으로 생각하는 데까지 나아갈 수 있다. 아브라함의 이 말들 속에 환대의 기본 요소가 자리한다. '환대'는 섬김이며 '환대를 실행하는 이가 다른 이의 종으로 자처하는 데까지', 다른 이를 자신의 주인으로, 주님처럼 대하는 데까지 이를 때에만 '진정한 것'이 된다.

"제가 나리 눈에 든다면"(창세 18,3)[*직역 : 제가 당신의 눈들에서 은총을 발견한다면]: 누군가의 앞에서 은총 속에 있다, 은총(hen)을 발견한다는 말은, 다른 이가 우리를 찾고 우리를 받아들이고 우리에게 관심을 갖는 상황에 있다는 것을 의미한다. 아브라함은 그러니까 그들 편에서의 시선을 거의 구걸하는 자가 되어, 그들에게 무상의 행위, 그의 섬김을 받아들이겠다는 표지를 동냥하는 자가 되어 세 사람의 눈을 살피고 있는 것이다.

이방인, 모르는 사람, '새로운 사람'은 선물이며 은총이다. 그래서 그가 환대에 동의하면, 그는 하나의 행동, 하나의 사건의 주체가 된다. 여기서 이 사건은 계시, 그 순간까지 감추어져 있던 실재의 묵시를 상징한다. 자, 그래서 이 세 명의 모르는 자는 '지나쳐' 가면 안 되는 것이며, 환대를 수용하기 위해 '멈추라'고 초대되는 것이다. 물론, 손님의 진실은 언제나 더 멀리 가는 것이다. 왜냐하면, 손님은 거류민이 되지 않고 곧 떠날 것이기 때문이다. 하지만 손님이 멈추기에 동의하는 것이 사람들이 받아들일 수 있는 가장 큰 축복이다. 예수님 또한, 엠마오에서 "더 멀리 가려고" 하시는 듯한 신호를 주셨는데(루카 24,28 참조), 두 제자는 그분을 초대하고 환대를 제공한다. 그리고 이것이 계시를 야기하게 된다. "그들의 눈이 열려 예수님을 알아보았다. 그러나 그분께서는", 붙잡을 수 없는 존재께서는, "그들에게서 사라지셨다."(루카 24,31)

이 단계에서, 아브라함은 간단하고 검소한 음식을 제시한다. 하지만 이것은 초대의 말에 아직 응답하지 않은 이를 승복하게 하거나 매혹하려 하는 것은 아니다. 아브라함이 제시한 것은 약간의 물과 발을 씻음, 약간의 빵, 참나무 그늘이다 (창세 18,4-5 참조). 이는 그 나그네들에게 필요한 것을 알아챈 것이며 동시에, 손님을 혼란스럽게 하지 않으면서도 그를 편하게 하려는 제안으로, 손님이 "원기를 돋우게" 하려는 것이다. 아브라함은 "저에게 폐를 끼친다고 생각하지 마십시오. 여러분께 제가 가진 것을 드리겠습니다. 편하게 이를 나눕시다."라고 말하는 것이다. 그래서 마침내 세 이방인은 다음의 말을 꺼낸다. "말씀하신 대로 그렇게 해 주십시오."(창세 18,5) 동의를 표현하는 데는 몇 마디면 된다. 아브라함의 인사와 초대에 손님들의 "아멘" 한 마디면 충분했다. 이상이다. 하지만 이것이 핵심이다. 세 명의 모르는 사람은 아브라함에게 그렇게 계속 머문다. 그러면 독자 편에서는 다음과 같은 질문이 계속 맴돈다. 아브라함은 언제 하느님의 방문을 알아챌까?

3. 세심한 환대

우리는 이제 유목민의 따뜻하고 모범적인 환대, 그 환대 행위의 핵심에 이르렀다. 하루 중 가장 뜨거운 시간으로, 손님을 거의 안 받는 때였다. 하지만 아브라함은 참나무의 시원한 그늘이 차지하고 있는 공간을 방문객들에게 내어주고 나서, 천막 안으로 들어간다. 거기에는 그의 아내 사라가 있었는데, 그에게 다음을 주문한다. "빨리 고운 밀가루 세 스아

2장 "내가 나그네였을 때에 따뜻이 맞아들였다." (마태 25,35)

를 가져다 반죽하여 빵을 구우시오."(창세 18,5) 양(대략 50kg)과 질(단순한 밀가루가 아니라 고운 밀가루다)이 아브라함의 후한 인심을 보여준다. 그리고 자신은 가축 떼에게로 달려가 부드러운 송아지 – 가장 좋은 고기로 큰 행사를 위한 것이다 – 를 골라서는 종에게 내주어 이를 서둘러 준비하게 한다(창세 18,7 참조). 끝으로 그는 목을 시원하게 해 줄 신선한 우유와 치즈의 일종이거나 아니면 후식 종류로 추정되는 엉긴 젖을 가져온다. 연회가 마련되었는데 이 모든 것은 신속하게 이루어졌다. 나그네들에게 식사를 제공하기 위해 아브라함의 재빠른 움직임은 그들을 위한 아브라함의 정성을 보여준다. 그렇지만 여기서 가장 중요한 것이 있다. 바로 자신의 손님을 몸소 시중드는 그다. "아브라함은 엉긴 젖과 우유와 요리한 송아지 고기를 가져다 그들 앞에 차려 놓았다. 그들이 먹는 동안 그는 나무 아래에 서서 그들을 시중들었다."(창세 18,8)

이 장면에서 모든 것이 손님이 행복했으면 하는 그의 바람, 그들이 단지 필요한 음식만을, 잘 만들어진 요리만을 즐기는 것이 아니라, 즐거운 연회에 참석할 수 있기를 바라는 그의 희망과 같은 맞아들이는 이의 관심이 드러나고 있다. 물론 먹어야 한다. 그리고 잘 먹어야 한다. 하지만 무엇보다 행복하게 먹는 것이 중요하다. 그렇게 해야 사람들이 소통하고 일치를 향해 열리게 된다. 그렇다. 말하기에 앞서, 대화를 엮어가기에 앞서 앉아서 몸을 편하게 하고 먹어야 한다. 이는 매우 간단한 진리이다. 그러나 사람들은 '신념에 따른 환대에 앞서 육신에 따른 환대가 온다.'〔폴 리쾨르(Paul Ricœur)〕는 것을 쉽게 망각한다. 그런데 여기서 이방인들은 시중을 받았다. 평화 속에, 식사의 인간적 질에 대해 말해주는 고요한 충만 속에, 세 손님은 식탁에 앉아 있고 아브라함은 그들 곁에 서 있다. 자, 이것이 내어줌에서 발생하는 심오한 평화이다. 줌으로써 받고, 선물을 받아들임으로써 새로운 방식으로 줄 수 있기에 그런 것이다. "주는 것이 받는 것보다 더 행복하다."(사도 20,35). 그러나 또한 분별없이 주는 것보다 선물을 알아보면서 받는 것이 더 행복하다. 그래서 그들의 주인(hospes)에게 초대받은 세 방문자는 인질이 되지 않았고 원수(hostes)의 자리에 오르지 않았다. 그들은 식탁에 둘러앉아, 아브라함의 세심한 배려로 자리하게 된 침묵의 이야기, 평화의 이야기를 만들었다.

하지만 이제 우리 본문의 수수께끼를 수면 위로 올라오게 해야 할 때가 되었다. 바로 하나와 셋 사이의 뚜렷한 유예이다. 우리 본문의 시작에서 우리는 "주님께서 아브라함에게 나타나셨다."(창세 18,1)라고 읽었다. 그런데 아브라함은 "세 사람"(창세 18,2)을 보는데도 그는 먼저는 단수(18,3 참조), 그 후에는 계속 복수(창세 18,4.5.8 참조)로 말을 건넨다. 한편 세 손님은 처음에는 하나가 되어 말하는데, 이후에 음식을 먹고 첫 질문을 하고(창세 18,8-9 참조) 나서는 그들 중 하나만이 대화를 이끈다(창세 18,10.15 참조). 이 한 분은 주님 그분(YHWH, 18,3) 외에 다른 이가 아니다. 본문 비평이 이 단수와 복수의 지속적인 교체에 대해 설화 형성 과정에 여러 원천이 있었다는 가설로 설명한다 해도, 우리에게는 최종 형태의 본문, 우리 눈앞에 가지고 있는 본문이 말하는 것을 들으라는 요구가 주어진다. 우리는 무엇보다 이 구절을 우리보다 앞서 해석한 이들에게 문의함으로써 이를 풀어갈 수 있을 것이다.

랍비들은 세 이방인에게서 인간의 모습으로 아브라함에게 파견된 세 천사를 본다. 아브라함은 최근의 할례(창세 17,24참조)로 아파하고 있었고 적절한 방법으로 환대를 수행하지 못하는 것에 대해 슬퍼하고 있었다. 라파엘('하느님께서 치유하신다')은 아브라함의 상처를 돌보아야 했고, 미카엘('누가 하느님과 같은가?')은 사라에게 다가올 임신의 소식을 전해주어야 했고, 가브리엘('하느님은 강하시다')에게는 소돔과 고모라를 파괴하는 임무가 주어졌다.[32] 교부들은 한편, 오리게네스[33]부터, 이 단수와 복수의 복잡한 교체에서 하느님의 삼위일체의 신

---

32) *Targum Jerusalami sur Gn 18,1-2; bBaba Mezi'a*, 86b. 참조
33) ORIGÈNE, *Homélies sur la Genèse*, IV, 2, Paris, Cerf(coll. Soureces chretiennes n° 7), 1943, p.149 : "아브라함은 세 분을 만나러 갔는데, 그중 한 분만을 흠숭하고 단 한 분에게만 말을 건넨다" 참조

비에 대한 암시를 읽어냈다. tres vidit et unum adoravit "그분은 세 격으로 사시고 하나로 흠숭받으시니, 이는 유일한 분이 하느님이요, 유일한 분이 주님이요, 유일한 분이 성령이시기 때문이다."[34] 그것이 무엇이든, 본문은 우리 앞에 그렇게 찾아와, 주님이신 세 손님의 신원에 대해 펼치고 접고, 감추고 드러낸다. 다른 말로 하면, "주님은 익명으로 당신을 두르시고 아브라함을 방문하신다. 그래서 단수와 복수의 구절은 이야기 내부에서 이 익명을 반영한다."[35] '이 이방인들 안에서 아브라함은 하느님을 맞아들였다.'

그런데 우리에게 있어 다른 측면을 강조하는 것 또한 중요하다. 여러 인물을 맞아들임으로써, 단 한 사람을 맞아들임에서도, 우리는 모든 인류를 맞아들인다. 한 사람을 맞아들인다는 것은 인류 전체를 맞아들이는 것을 의미하며, 한 사람을 사랑하는 것은 모든 사람을 사랑하는 것을 의미한다. 더 나아가자. 환대를 수행하는 게 불가능하다는 것이 아브라함에게 하나의 후회의 원천이 된다면, 우리 또한 우리를 방문하러 오는 이들을 사랑으로 맞아들이지 못하는 매 순간에

---

34) AMBROISE, *De Spiritu sancto*, II, 4. 다음도 참조하라. ID., *La Foi*, I, 13, 80; AUGUSTIN, *Contre Maximinus*, II, 26,7; CÉSAIRE D'ARLES, *Sermons*, LXXXIII,4.
35) J.-L. SKA, "Gn 18,1-15 alla prova dell'esegesi classica e del'esegesi narrativa", dans C. MARCHESELLI-CASALE(éd.), *Oltre il racconto Esegesi ed ermeneutica*, Naples, D'Auria, 1994, pp.11-28.

슬퍼해야 할 것이다. 이를 명확하게 말해야 한다. 진정한 환대가 이루어지는 때는 누군가 자신의 손님들을 선택할 때가 아니라 자신의 손님들에게 선택받는 것을 받아들일 때다. '우리는 손님을 아직 알기 전에 그 손님을 사랑하기로 결심한다.' 여러 사람이 환대를 실천한다고 생각하지만, 사실 그들은 눈이 먼 자들과 같다. 그들은 그들이 원하는 이들을 초대하고 그만하면 충분하다고 믿고는 조심스럽게 추려낸 그룹에게 자신의 집을 개방하고 있다. 창세기의 이 장에서 이야기되는 환대는, 이와 반대로 모르는 사람, 이방인, 나그네, 가난한 이들, 결코 갚아줄 수 없는 이들, 그러한 환대를 제공할 수 없는 이들에게 건네지는 그러한 환대이다.

4. 계시

연회의 끝에, 세 이방인이 갑자기 그들에게 시중을 든 이에게 묻는다. "댁의 부인 사라는 어디에 있습니까?"(창세 18,9) 이들은 모르는 사람인데, 그들에게 아브라함과 사라는 모르는 사람이 아니다! 뜻밖인데다 놀라서, 아브라함은 단순하게 대답한다. "천막에 있습니다."(창세 18,9) 그리고 나서 아브라함은, 마치 그가 맞아들인 이 세 이방인의 신원을 분별해

내려고 내적 탐구의 여정에 빠진 듯이, 이 만남의 끝까지 입을 다문다. 이로써 '환대의 사건이 계시의 사건이 된다.' 얼마 전에 이 여인의 이름을 사라이에서 사라로 바꾸셨던(창세 17,15 참조) 하느님만이 유일하게 이 이름을 알고 이를 발설할 수 있었다. 사라, 아이를 가질 수 없는 데다 구십 대(창세 17,17 참조)가 된 이 여인은 아브라함과 함께 하란에서 떠나왔다(창세 12,5 참조). 사라, 그녀를 아브라함은 파라오가 두려워 자신의 누이라고 했었다(창세 12,10-20 참조). 사라, 그는 남편에게 자신의 하녀 하가르에게 가라고, 그래서 후손을 얻으라고 할 정도로 남편에게 충실했다(창세 16장 참조). 이러한 여인 사라가 지금 주님의 자비로운 관심의 대상이다. 주님은 아브라함에게 말씀하신다. "내년 이때에 내가 반드시 너에게 돌아올 터인데, 그때에는 너의 아내 사라에게 아들이 있을 것이다."(창세 18,10) 자, 이것이 계시, 오직 하느님만이 하실 수 있는 약속이다. 이로써 이방인의 신원이 드러났다.

천막 어귀에서 모든 것을 들은 사라는 속으로 웃으며 혼자 말했다. "이렇게 늙어 버린 나에게 무슨 육정이 일어나랴? 내 주인도 이미 늙은 몸인데."(창세 18,12) 더는 달거리가 일어나지 않는 나이에 도달한(창세 18,11 참조) 그녀는 아들에 대한 약속 앞에서 웃었다. 한편 이 약속은 그 실제적인 현실화를 맛보지 못했지만 이미 아브라함에게 주어진 것이다(창세

17,15-22 참조). 사라, 그는 이 말들을 믿기에는 너무 나이 들었고 너무 시련을 겪었다. 그는 웃으며 자조할 수밖에 없었다. 우리는 이를 잊어서는 안 된다. 사라가 하란을 떠난 날부터, 그는 아브라함이 하느님께서 그에게 해주신 약속, 곧 별처럼 많은 후손(창세 12,2; 15,5 참조)에 대한 약속을 되풀이해서 말하는 것을 들었다. 그리고 그는 남편과 함께 계약의 성취를 보리라는 희망 속에서, 이 약속의 규모를 헤아리려 하늘을 바라보았다.

이러한 의심에 대한 대답에서 능란하게 고조되어, 본문은 우리에게 또 다른 계시를 전해준다. 손님이 아브라함에게 묻는다. "어찌하여 사라는 웃으면서, '내가 이미 늙었는데, 정말로 아이를 낳을 수 있으랴?' 하느냐? 너무 어려워 주님[YHWH]이 못 할 일이라도 있다는 말이냐?"(창세 18,13-14) 나이 많은 아내와 남편에게 이 말들은 일종의 부차적인 확언이다. 이방인은 하느님이시다. 그것은 그분 홀로만이 웃음의 흔적을 꿰뚫어 보시며 조용히 뱉은 혼잣말의 비밀을 알아채실 수 있기 때문이다. 그러나 중요한 질문이 또 있으니, 그것은 아브라함과 사라에게 믿음을 상기시키는 질문이다. '하느님께 불가능한 것이 하나라도 있는가? 그렇지 않다. 그분에게는 모든 것이 가능하다.'[36]

최고의 어려움은 하느님의 약속에 인간이 잘 붙어 있는가에 달려 있을 뿐이다. 그런데 이 약속의 실현이 늦춰진다 해도 어쨌든 서약은 부정되지 않는다. 약속은 언제나 유효하고, 매우 가까운 시일에 성취될 것이다. "내가 내년 이맘때에 너에게 돌아올 터인데, 그때에는 사라에게 아들이 있을 것이다."(창세 18,14) 하느님의 선물은 아브라함이 세 이방인에게 한 선물에 화답하고 있고, 믿는 이들의 선조는 그가 맞아들이는 사람이라는 것을 다시 한 번 드러내고 있다. 그는 자신의 땅을 떠나라는 하느님의 초대를 알아들을 줄 알았고 약속을 받아들였으며, 이제 아들을 얻게 되었다.

> 주님께서는 말씀하신 대로 사라를 돌보셨다. 주님께서 말씀하신 대로 사라에게 해주시니, 사라가 임신하여, 하느님께서 아브라함에게 일러 주신 바로 그때에 늙은 아브라함에게 아들을 낳아 주었다. 아브라함은 사라가 자기에게 낳아 준 아들의 이름을 이사악이라 하였다. […] 사라가 말하였다. "하느님께서 나에게 웃음을 가져다주셨구나. 이 소식을 듣는 이마다 나한테 기쁘게 웃어 주겠지."(창세 21,1-3.6)

자, 이렇게 약속이 성취되었다. 아브라함은 이스라엘 자손

---

36) 마리아, 새로운 계약의 신앙인들의 어머니인 그가 하느님의 말씀과 아들의 탄생을 맞아들일 줄 아는 이라는 것은 매우 중요하다. 천사는 주님께서 아브라함에게 하셨듯이 마리아에게 말한다. "하느님께 불가능한 일이 없다."(루카 1,37)

의 아버지가 되고 사라는 웃음 속에서 아이를 낳았다. 그들은 모든 신앙인의 아버지와 어머니가 되었다. 히브리서의 저자가 아브라함의 믿음에 대해 칭송하며, 그 믿음을 하느님께서 약속들을 이루어주심과 밀접한 관계에 놓았는데(히브 11,8-19 참조), 이는 우리에게 기원후 1세기 말, 로마의 성 클레멘스가 남긴 주석을 주목하게 한다. "그의 믿음과 환대[Philoxenía]로 인해, 늘그막에 그에게 아들이 주어졌다."[37] 다음을 특기하자. 그것은 '단지 그의 믿음에서만 온 것이 아니라, 환대의 수행에서 온 것이기도 하다!'

5. 능욕당한 환대

창세기 18장과 19장에 소개되는 이야기들은 짝을 이루고 있는데, 그중에 두 번째 장면은 환대가 능욕당한 전승을 모아놓고 있다. 아브라함의 환송을 받은 뒤, 이방인들은 소돔과 고모라 성읍을 높은 곳에서 살펴보러 간다. 한편 그들이 대리하고 있지만 그들과 동행하시는 하느님은 아브라함에게

---

[37] CLEMÉNT DE ROME, *Première epitre aux Corinthiens*, X, 7, Paris, Cerf(coll. Sourceces chrétiennes, n° 167), 1971, p.117. 다음도 참조하라 XI, 1 "그의 환대와 자비가 소돔의 롯을 구원했다."*(ibid.)*; XII, 1 "그의 믿음과 환대가 창녀 라합을 구원했다."(p.119)

불의로 가득 한 이 성읍들을 "방문하시겠다."는 당신의 의중을 털어놓으신다. 이 방문의 이유는 그곳에서 저질러지는 악의 희생자들의 외침이 일종의 기도처럼 그분께 다다랐기 때문이다(창세 18,20-22 참조). 그분께 응답하려 아브라함이 하느님께 말씀드리는데, 악과 마주한 모든 인간의 전통적인 질문을 그분께 한다(창세 18,23-33 참조). '하느님은 의로운 이를 불의한 이와 함께 없애실 수 있는가? 의로운 이들은 그들의 존재로 다른 이들을 구원할 수 있지 않은가? 징벌을 돌리고 악한 행동과 처신의 결과물이 모두에게 떨어지는 것을 막을 수 있지 않은가?' 이제 아브라함의 중재에 대한 아름다운 장이 열린다. 아브라함은 환대의 수행을 통해 그의 마음이 커졌다는 것을 보여주려 한다. 그러기 위해 그는 자신의 마음을 진정한 '연민'(compassion)에 개방하고, 그의 마음을 자신의 모든 형제의 운명에 동참하게 한다. 그는 열렬히 하느님과 토론하고, 그분께 소돔 성읍에 쉰 명의 의로운 자가 있다면, 아니 아마도 단지 마흔다섯만, 아니 마흔, [⋯] 아니 단지 열만 있다면 소돔을 사면해 주기를 요청한다(창세 18,24-32 참조). 마지막 말씀은 하느님의 몫이다. "그 열 명을 보아서라도 내가 파멸시키지 않겠다."(창세 18,32) 이 해결책에 확연히 평온해진 아브라함은 자신의 천막으로 되돌아간다.

그리하여 두 천사[38]– 곧 두 파견받은 이–가 소돔으로 향한다. 이들은 이곳에 밤이 시작될 때 도착한다. 그들을 본 아브라함의 조카 롯은 그들을 마중 나가서 자신의 집에 그들을 맞아들이겠다고 한다(창세 19,1-2 참조). 그런데 그들은 광장에서 밤을 새겠다고 말하며 거부한다. 그들은 성읍이야말로 그 자체로 나그네와 이방인의 신변 보호를 보장하는 피신처이며 피난처가 아니겠는가라고 말한 것이다. 아무튼 롯은 고집을 부려 그들이 이 초대를 강제로 받아들이도록 하고, 그들은 그의 집으로 들어간다. 아브라함이 이미 그렇게 했듯이, 롯은 그들을 위해 연회를 준비한다. 식사 후에 그들은 잠을 청하러 잠자리에 든다. 그런데 이 새로운 방문자들 앞에, 소돔 주민들의 욕구에 불이 붙었다. 그들은 이들과 육체관계를 갖고 이들을 범하려고 몸이 달아올랐다. 이는 '타인을 움켜잡으려는, 그러니까 그를 소유하고 소비하고자 하는 유일한 목적으로 육체관계를 맺으려는 야만적 욕구이다.' 그때부터 타인은 더 이상 손님이 아니며, 사람들은 그를 종이 되게 한다. 이는 타인을, 상반되게도 먹잇감으로 맞아들이는 것이다. 사람들은 자기 자신의 욕망을 충족시키기 위해 그를 사

---

38) 세 번째 천사는 어디로 사라졌는가? 트루아의 라쉬 RASHI DE TROYES는 이렇게 말한다. "한 천사는 소돔을 파괴하고 다른 하나는 롯을 구한다. 후자는 아브라함을 치유하러 왔던 바로 그 천사다. 세 번째 천사는, 사라에게 임신의 소식을 전하러 왔던 자로 자신의 임무를 완수한 후 바로 떠났다."(*Commentaire sur le Genèse* sur Gn 19,1)

물의 급으로 떨어뜨린다. 이는 '천사들'[39]이라고 불리는 이 사람들의 아름다움에서 맹목적으로 발생한 욕구에의 도취이며, 성적 착취까지 나아가는 다름에 대한 부정이다.

  소돔의 주민들이 그 집을 포위한다. 그들은 과격하게 그리고 폭력적으로 그 집을 둘러싸고, 공작기계의 죔쇠처럼 그 집을 옥죈다. 그래서 롯은 환대가 능욕당하지 않도록 탈출구를 찾는다. 환대를 구해내기 위해 롯은 그들에게 역설적인 제안을 하기까지 이른다. "자, 나에게 남자를 알지 못하는 딸이 둘 있소. 그 아이들을 당신들에게 내어 줄 터이니, 당신들 좋을 대로 하시오. 다만 내 지붕 밑으로 들어온 사람들이니, 이들에게는 아무 짓도 말아 주시오."(창세 19,8)[40] 그러나 이 이방인들의 현존, 하느님의 현존이 모두의 눈을 부시게 만들고, 그 폭력 집단은 빛의 속도로 흩어진다(창세 19,11 참조). 결론은 이미 나왔다. 환대가 받아들여지지 않는 성읍, 이방인이 인정되지 않는 곳은 존속할 수 있는 어떤 명분도 없다. 소돔은 그래서 파괴되었다(창세 19,23-25 참조). 아브라

---

[39] 이 19장에서 확연한 변동을 보게 된다. 두 중요 인물은 '천사들'(창세 19,1.15), '나리들'(19,2), '사람들'(19,5.8.10.12), '주님'(YHWH, 19,14; Adonaï, 19,18)이라고 명시된다.

[40] J. DERRIDA, *De l'hospitalité*[Anne Dufourmantelle invite Jaques Derrida à répondre de l'hospitalité], Paris, Calmann-Lévy(coll. Petite bibliothèque des idées), 1997, p.133 : "롯은 환대의 율법을 모든 것 위에, 특히 그를 자신의 것들과 그의 가족, 우선적으로 자신의 딸들과 묶어주는 도덕적 의무들, 그 위에 둔 것 같다." 참조

함의 간청도, "의로운 롯"(2베드 2,7)의 존재도 환대를 변질시킨 이 성읍의 말로를 막지 못했다.

비환대의 시련, 아니 능욕당한 환대는 이후 역사의 흐름 속에서 반복된다. 판관기(19장)가 전하는 이야기를 어찌 잊을 수 있겠는가? 에프라임 지파의 한 레위인이 종을 하나 데리고, 자기 아버지 곁으로 몸을 피해 가버린 자신의 소실을 찾으려 베들레헴에 간다. 장인의 집에 머문 후에, 레위인은 자신의 아내와 함께 길을 나섰다가, 여정 중에 갑자기 밤을 만나 기브아에서 맞아줄 곳을 찾는다. 그들은 우선 어쩔 수 없이 마을의 광장에 머물게 되고, "한 노인이 들일을 마치고 돌아오고 있었는데"(판관 19,16) 그들을 자신의 집에 맞아들인다. 그래서 소돔의 집단과 유사한 폭력 집단이 이 집 주변으로 형성된다. 주민들이 고함을 치며 말한다. "당신 집에 든 남자를 보내시오. 우리가 그자와 재미 좀 봐야겠소."(판관 19,22). 집주인 또한 환대를 지켜내려고, 도덕을 희생하며 자신의 처녀 딸과 레위인의 소실을 내준다.[41]

이 남자들에게 밤새 유린당한 소실은 아침이 되자, 그의 남편을 맞아들였던 그 집의 문턱에 죽은 채 쓰러져 있었다(판관 19,28 참조). 이 여인의 마지막은 끔찍했지만, 거기다가

---

41) 히브리어 성경의 다른 독법에 따르면, 노인은 레위인의 소실만을 내준다.

레위인이 그녀와 관련해 저지른 끔찍한 배반이 더해졌다. 레위인, 이스라엘의 맏배들을 대신해 하느님께 바쳐져야 했던 (민수 3,40-51 참조) 그가 자신의 아내를 짐승처럼 폭력적이고 굶주린 이들에게 내어주는 것을 받아들였다. 이 슬픈 이야기에서 환대의 혜택을 입은 그 사람이 그 환대를 능욕하는 데까지 그리고 자신에게 가장 가까운 다른 이를 희생자로 만드는 데까지 이를 수 있다는 것을 기억했으면 한다.[42]

6. 결론

환대라는 주제는 성경의 모든 이야기들을 관통하고 있다. 사무엘은 사울의 손님이 된다(1사무 9,1-10,8). 그리고 이러한 배경에서 이스라엘의 메시아적 왕조 역사는 그 기원을 찾는다. 시돈 지방의 사렙타의 한 과부는 기근 동안 예언자 엘리야를 맞아들인다(1열왕 17,7-24 참조). 엘리사는 수넴 여인에게 맞아들여지는데, 그 여인은 위층에 작은 방을 마련하고 침상과 식탁과 의자와 등잔을 마련해서 그가 거기서 쉴 수 있게 했다(1열왕 4,10 참조). 베들레헴에서, 아우구스투스 황제가 인

---

42) J. DERRIDA, De *l'hospitalité*, pp.133-135. 참조

구조사를 명했을 때, 마리아와 요셉에게 환대가 거부되었다. "여관에는 그들이 들어갈 자리가 없었기" 때문이다(루카 2,7). 끝으로, 우리는 예수님이 그분의 지상 생애 전체 동안, 이방인처럼 사셨다는 것을 잊어서는 안 될 것이다. "그분께서 당신 땅에 오셨지만 그분의 백성은 그분을 맞아들이지 않았다."(요한 1,11) 그분이 아버지 얼굴의 특징을 드러내신 것은 구체적으로 이러한 조건 아래에서였다.[43]

그리고 부활하신 분은 두 제자와 엠마오로 가는 길에서 이렇게 묻는 말을 듣는다. "예루살렘에 머물렀으면서 혼자만 모른다는 말입니까?"(루카 24,18) 우리는 다음과 같이 말할 수 있을 것이다. 아브라함 이후로, 하느님은 당신이 보내신 이들 특히 예수 그리스도를 통해 당신 스스로 지상의 순례자, 손님, 이방인이 되시어 당신을 맞아들일 것을 청하신다.

"저는 이 땅에서 이방인일 뿐 제게서 당신 계명을 감추지 마소서."(시편 119,19)라고 시편 저자가 하느님께 이렇게 말씀드리는 것에 대해, 랍비 바룩은 다음과 같이 설명한다. "멀리 쫓겨나서 마침내 알 수 없는 고장에 도착한 사람, 그 사람은 현지인과 어떤 교류도 없고, 그 지방의 누구와도 말

---

43) L. MANICARDI, *Accogliero li straniero*, Bose, Qiqajon, 2002, pp.31-32. 참조

을 나눌 줄 모른다. 그런데 어떤 제2의 이방인 - 그의 고향이 완전히 다르다는 것은 중요하지 않다 - 이 갑자기 오고 이 둘은 서로 알게 되고 가족적인 관계로 들어선다. 그들이 서로서로 이방인들이 아니었다면, 그들은 서로 전혀 몰랐을 것이다. 따라서 시편 저자는 다음과 같이 주장하려 한다. '〔오 하느님〕 당신은 저처럼 이 땅 위에서 이방인이시며 거기서 당신 쉼을 위해 머무실 곳이, 당신도, 전혀 없습니다. 그러니 제게서 돌아서지 마시고 제게서 멀리 가지 마소서. 그러나 반대로 제게 당신의 계명들을 드러내소서, 그러면 제가 당신의 벗이 되리이다.'" [44]

그러면 우리 입장에서, 이러한 중요한 질문이 나온다. '기본적으로 "이방인이며 나그네"(1베드 2,11)인 우리가 우리 하느님께 환대와 맞아들임을 제공할 수 있는가?' 사실, 우리가 이방인과 모르는 사람들에 대한 환대를 수행하겠다는 각오를 세우는 것으로 충분하다. 그러면 우리는 어느 날, 우리가 하느님께 환대를 제공했다는 것을 깨닫게 될 것이다. 이것은 우리가 예수님의 다음과 같은 결정적인 말씀을 들을 때라야 이루어질 것이다. "너희는 내가 나그네였을 때에 따뜻이 맞

---

44) M. BUBER, *Les Récits hassidiques*, Paris, 1963, p.147.

아들였다."(마태 25,35) 밀라노의 성 암브로시우스(Ambrosius)는 이렇게 설명한다.

> 손님과 관련된 것이라 생각하면서도, 당신이 단지 하느님을 받아들이고 있다는 것을 어떻게 알 수 있는가? 아브라함은, 나그네들에게 환대를 제공하면서 하느님을, 그분의 천사들을 받아들였다. 손님을 받는다는 것은 하느님을 받아들이는 것이다. 이는 당신이 복음에서 읽는 그것이다. 주 예수님께서 이렇게 말씀하신다. "내가 나그네였을 때에 따뜻이 맞아들였다. [⋯] 너희가 내 형제들인 이 가장 작은 이들 가운데 한 사람에게 해 준 것이 바로 나에게 해 준 것이다."(마태 25,35.40)[45]

---

45) AMBROISE DE MILAN, *Abraham*, I, 5,35, Paris, Éditions Migne(coll. Les Pères dans la foi, nº 74), 1999, p.64; 다음도 참조하라 CÉSAIRE D'ARLES, Sermons, LXXXIII, 4.

3장

모든 이방인,
서로 맞아들이도록 부르심 받은 이들

3장 모든 이방인, 서로 맞아들이도록 부르심 받은 이들

이방인이 우리 안에 살고 있다. 그는 우리 정체성의 숨겨진 얼굴이다.

줄리아 크리스테바(Julia Kristeva)

우리가 "이방인"이라는 단어를 발음할 때, 우리는 곧장 "다른 사람", 곧 우리와 다른 어떤 인물을 생각한다. 우리가 우리 자신이 타인의 눈에는 이방인이라는 것을 인식하는 데까지 가는 일은 거의 드물다. 현실적으로 이방인은 우리와 마주해서 전혀 홀로 있지 않다. 우리는 항상 두 이방인이다. 하나 앞에 다른 하나가 있다. 그리고 우리가 이루는 모든 만남에 우리 각자는 이 이방인들 중 하나이다.

일부 저자들은 인간 존재의 이 지평에 대해 매우 심오한 반성을 이끌었다. 나는 그들 중 둘을 인용하고자 한다. 이들은 내게 특별히 소중한 이들이다. 문학 측면에서 시인 에드몽 자베스(Edmond Jabes)가 자신의 책 하나하나에서 이방성과 타자성이라는 주제에 대해 많은 탐구를 했다. 그의 간결한 숙고들이 다음을 상기하도록 이끈다. "이방인은 너를 이방인으로 만들어서 네가 너 자신이게 한다. […] 우리를 이방인과 갈라놓는 그 거리는 우리를 우리와 갈라놓는 그 거리와 같다. 그와 마주한 우리의 책임은 그러므로 우리가 우리 자신에 대해 갖는 그 책임이다. - 그러면 그의 책임은? - 우리가 지는 책임과 같다."[46]

심리 분석과 철학의 영역에서, 줄리아 크리스테바(Julia Kristeva)는 여러 번에 걸쳐 "이방인은 우리 안에 살고 있다."는 것과 이방성이라는 범주는 모든 종(種)의 관계를 맺어주기 위해 필수적인 것이라고 확언한다. "이상하게도, 이방인은 우리 안에 살고 있다. 그는 우리 정체성의 숨겨진 얼굴이다. [···] 이상함이 우리 안에 있다. 곧 우리는 우리 자신의 이방인들이다. [···] 자기 자신이 스스로에게 이방인임을 모른다면 이방인을 어떻게 용인할 수 있을 것인가? [···] 이방인은 우리 안에 있다. 그래서 우리가 이방인에게서 달아나거나 이방인과 맞서 싸울 때 우리는 우리의 무의식과 다투는 것이다. [···] 이방인은 내 안에 있으니 우리는 모두 이방인이다."[47]

그러므로 우리가 보기에 타인은 이방성이라는 지평을 특징으로 갖고 있다. 나는 이 범주가 부인할 수 없음을 확신한다.

---

46) E. JABÈS, *Un étranger avec, sous le bras, un livre de petit format*, Paris, Gallimard, 1989, pp.9, 69-70.
47) J. KRISTEVA, *Étranger à nous-mêmes*, Paris, Fayard, 1988, pp. 9, 268-269, 283-284.

이 범주는 우리가 이방인이 누구인지 이해하도록 도와주고, 우리가 그와 관계를 엮도록 해주고, 우리를 하나의 만남, 하나의 대화로 이끌어준다. 하지만 동시에 우리로부터 이방인을 만들어내기도 한다. 그러므로 우리는 우리의 고유한 정체성이 이방인의 그것이라는 것을 또한 분명하게 해야 한다. 왜, 그러면 이방인과 마주치는가? 왜냐하면 인간은 모두 서로에게 이방인이기 때문이다. 이 질문과 관련해 나는 이제 더 구체적이고 실천적인 우리 여정의 마지막 단계로 넘어가기 전에, 앞선 장들에서 얻은 몇 가지를 종합해서 다시 다루고자 한다.

1. 예수의 모상으로서의 이방인

나의 반성에서, 기초적인 자산은 하느님의 말씀을 담고 있으며 또 동방에서 하나의 '위대한 법'을 상징하는 책, 성경에서 온 것이다. 그런데 성경에서, 이방인은 무엇보다 두 가지 확언을 통해 소개된다. "하느님은 이방인을 사랑하신다."(신명 10,18) "너희는 이방인을 사랑해야 한다. 너희도 이집트 땅에서 이방인이었기 때문이다."(레위 19,34; 신명 10,19) 구약성경에서 첫째가는 움직임이며, 가장 심오한 것은 하느님께서 "한 민족(goy)을 다른 민족(goy) 가운데에서 데려오려고"(신명 4,34) 찾아오심으로써, 이를 통해 이스라엘을 사랑하셨다는 그것이다. 하느님은 이스라엘 안에서 이방인을 사랑하셨고, 그를 사랑하심으로써 그를 노예살이에서 끌어내셨다. 이는 근본적으로 신앙인들을 구성하는 하나의 실재로 신앙인들의 마음에 길이 새겨져야 한다. 그리스도교는 하느님 자신이, 신약성경에서 이방인으로 당신을 드러내기 때문에, 이 신적 처신의 결과물들을 더 멀리 밀어붙여야 한다는 것을 이해했다. 그리고 나는 이러한 의미에서 본문을 읽는 데에 거의 익숙하지 않은 그리스도인이 이러한 점을 충분히 반성하지 않는다는 것이 우려스럽다. 그렇지만 우리가 처음에 "눈이 가리어 알아보지 못하는"(루카 24,16.18 참조) 이방인 중의 이방인은, 바로 예수님이다. 그렇다. 우리와 대비하여 이방인이라면, 그것은 물론 그분이다.

 복음서를 보면, 예수라는 인물 주변에서 토론이 벌어진다. 그분이 어디에서 왔는가를 알아내려는 끈질긴 질문은 그분이 감당했던 "이방성"을 분명하게 한다. 예수의 친척들에게조차, 예수의 상황은 자주 이방인의 그것이었다. "그가 미쳤다." 마르코 복음서(3,21)에서 그분의 친척들은 그분에 대해 이렇게 말하는 데까지 나갔다. 제4복음서에서 유다인들이 그분에게 부여한 중대한 고발을 잊지 말아야겠다. "그리스인들 사이에 흩어져 사는 동포들에게 가겠다는 말인가?"(요한 7,35) 이를 다른 말로 하면, "그는 이방인들의 무리로 가겠다는 것인가?"가 된다. 여기 이 질문은 심각하게 받아들여야 한다. 다른 한편, 주님의 가르침에서 이방인 주인공들은 자주 특별한 위치를 차지한다. 선한 사마리아 사람의 비유를 생각해 보자. 거기서 한 이방인이 "신성한 것"으로 간주되는 행위들을 수행한다(루카 10,29-37 참조). 그리스도인에게 있어 이방인은 단지 타인만이 아니라, 우리를 위해 예수 그리스도 안에서 이방인이 되신 분, 첫째가는 다른 존재, 하느님 그분 자체이다.

그 결과로, 그리스도인은 그들의 주님을 따르는 데에 자신이 이방성이라는 조건 안에 있음을 자주 느낀다. 그리스도인이 지녔던 첫 이름은, "그리스도인"이라는 이름이 그들에게 부여되기 전에,[48] 사실 "길의 신봉자들"(사도 9,2 참조)이었지 않은가? 우리는 이를 과장하지 않고 "길의 사람들", 곧 시민권을 충만히 지니지 않은 이들, 다른 말로 이방인이라고 옮길 수 있을 것이다. 베드로의 첫째 서간의 언어는 더 유창하게 말한다. 그리스도인은 이 서간에서 파로이코이(pároikoi)[49]

---

[48] 사도행전 11장 26절 "안티오키아에서 제자들이 처음으로 '그리스도인'이라고 불리게 되었다." 참조
[49] 이 용어로부터 특별히 "parochia"(본당)이라는 말이 유래했다.

(1베드 2,11)라고 정의되는데, 이는 문자적으로 "늘 자신들의 천막을 거둘 준비가 된 이들"이라는 의미이다. 요약하면, 그리스도인은 도시의 경계에서 천막에서 사는 이들이며, 일시적으로 머무르다가 주어진 때가 되면 다른 장소로 자신들의 천막을 옮겨야 하는 이들이다.

그래서 신약성경은 그리스도인의 조건을 이방인이요 순례자, 항구적으로 이주하는 유목민이라고 강조한다. 「디오그네투스에게 보낸 편지」(2세기)가, 신학적 관점에서 훌륭한 종합으로, "이방의 온 땅이 그들에게 모국이며 모든 모국이 이방의 땅이다."[50]라며 이 입장에서 이를 지지한다. 그렇지만 이는 거만하고 고상한 거리를 취하는 것을 가리키는 것이 아니라, 그들의 주님이 이미 사신 조건인 이방성의 조건을 가리키는 것이다. 특정 그리스 철학의 영향을 받은 그리스도교의 일부 사조들이 후일에 그리스도인에게 세상과 관련해 일종의 거리 두기, 또는 세상에 대한 회피와 멸시를 주장했다. 그러나 그리스도인들이 살아가도록 부르심 받은 것은 이방성으로, 전혀 다른 것이다. 그러므로 그들은 이 세상의 남자와 여자로서 있지만, 이 세상에 속하지 않는 정확한 목적에 따라 처신한다.

---

50) A *Diognète*, V, 5, p.63.

2. 받아들여지기 위해 다름을 받아들이기

놀랍도록 풍요로운 문헌인 「디오그네투스에게 보내는 편지」는 우리를 교회의 결정적인 시대로 데려간다. 그리고 나는 그 편지가 담고 있는 위대한 낙관주의를 오늘날 우리가 기억해야 한다고 본다. 우리 시대를 연상시키는 시기에 작성된 이 본문은, 그리스도인에게 방어적 입장으로 – 그리고 사회 속에서 결국 냉소적 태도로 – 자신을 지키라고 권고하기보다는, 반대로 2세기에 그리스도인들이 그 가운데에 미미한 소수를 형성하고 있던 이방의 대양이라고 표현되던 민족들을 긍정적 시각으로 바라보고 있다. 인간 집단을 향한 이 신뢰의 관점은 우리에게 영감을 불어넣어 줄 것이다. 그렇다. 다른 이들, 우리의 신앙을 공유하지 않는 이들 또한 선한 것을 분별할 수 있다. 그러니 그들과의 대화 또한 가능하다.

이방성이라는 범주가 중요하다면, 동시대인들 앞에서 그리스도인 편에서의 거만함으로 옮겨지지 않도록 그것을 해석할 줄 알아야 한다. 그리스도교 역사에서 복음이 가장 공개적으로 배반당했던 사건들은 사실 이 문제와 연결된 주제들과 관련해 벌어졌다. 그리고 이것은 특별히 그리스도의 제자들이 그들 고유의 이방성을 부정했을 때, 그리고 다른 이들 안에서 이방인(또는 원수까지)을 더는 알아보지 못했을 때

일어났다. 사람들이 'fines christianorum'(그리스도교 세상의 경계), 이 한계 너머의 모두를 "이방인"이라고 단언하면서 이 용어를 생각한다면, 'hostis'(원수)가 'hospes'(손님)가 되는 것은 어렵다. 서유럽 사회가 '그리스도교 세계'와 일치하던, 일종의 획일성의 도움으로 고정성을 보존해야 했다고 생각하던 시기는 그리 먼 때가 아니다. 여러 우여곡절을 겪은 이 역사는 그 이후 자신의 임기를 마쳤다. 우리 고유의 이방성에 대해 의식한다는 것, 내가 그것을 여기서 하라고 제안하고 있지만, 그것은 그러니까 우리, 오늘날 우리 사회 속에서 그토록 많은 이방인에 둘러싸여 있는 우리 자신을 발견하고 있는 우리에게 필요 불가결한 것이다. 이것은 의심의 여지 없이 많은 그리스도인에게, 무엇보다 가톨릭 신자들에게 통과하기 어려운 고비를 상징한다. 하지만 꼭 그렇게 해야 한다.

그리 멀지 않은 시대, 우리가 "믿지 않는 이들을 위해" 기도하던 그때를 떠올려보자. 이 용어는 전혀 애매하지 않았고, 매우 구체적으로 전례적이며 영적인 해석의 대상이었다. 믿지 않는 이들은 '우리의' 그리스도교 경계에서 가능한 가장 먼 곳에 있던 이들이었다. 그런데 우리 세대의 남녀가 살아가는 동안, -그때 사람들은 가톨릭 교회, 그리고 더 나아가 일부 유다인이나 종교개혁에서 비롯된 소수 그리스도인 공동체에 속하는 일부 '분파들'만을 알고 있던 시대 - 우리의 획일적인 사회는 급작스럽게 변화했고 혼합과 교환이 만든 새로운 상황에 자리를 내주게 되었다. 이 변화는 이방인의 현존이 사회 조직에 새겨 넣은 다름과 항구적 충돌을 일으킨다는 점에서 분명히 난관의 원천이다. 그렇지만 이 변화는 또한 하나의 기회이다. 변화는 새로운 이들과 분명 위태롭지만 현실적인 만남의 가능성을 수반한다. 이 이주민과 그들 고유의 이방성의 조건을 공유함으로써 그리스도인은 이 기회를 잡는 첫 사람들이 될 것이다. 이 영역에 대한 신앙인들의 참여는 오늘날 피할 수 없는 것이다. 그것은 사람들 사이에서 그분 자신이 이방인이신 주님께 대한 그들 증언의 충실성에서도 마찬가지이다.

3. 날마다의 환대

내가 앞 장에서 인용한 그리스도교 역사가 소조메누스(Sozomenus)의 책은 매우 의미 있는 사실 하나를 증언한다. 마므레, 아브라함과 사라가 나그네 세 사람 모습의 하느님을 만났던 장소에서 기원후 5세기 여름에, 그 지역의 사람들과 더 멀리에서 온 이들 곧, 팔레스타인 사람, 페니키아 사람, 아랍 사람이 모여서 커다란 민중 축제를 기념했다고 한다.

모두가 이 연례 행사에 열정을 갖고 참여했다. "축제에는 열의에 찬 모든 이가 몰려들었다. 유다인들은 아브라함이 선조라는 자부심으로 참여하는 데 비해, 이교도들은 천사들이 방문하였다고, 그리스도인들은 나름대로 후일에 동정녀에게서 태어나셔서 인류의 구원을 위해 당신을 드러내신 분이 이 신앙심 깊은 사람에게 나타나셨다며 찾아왔다."[51] 그런데 그러한 즐거운 만남과 신뢰의 교제 기회들이 5세기에 일어났다는데, 후일에 그것들이 어떻게 망쳐지게 된 것일까?

유사한 역설이 세르비아 지역과 젊은 시절 내가 즐겨 여행했던 곳으로 사람들이 아직도 코소보라고 부르는 지역에서 나타난다. 사람들은 거기에서 7월 20일에 성 엘리야 축제를 기념했다. 그리스도인들, 무슬림들(코소보인들) 그리고 유다인 소수 그룹에 속하는 이들이 한 주간 동안 예언자 엘리야의 이름으로 함께 즐겼다. 그런데 거의 20년 후에 똑같은 이 땅에서 "인종 정화"라는 광기 속에서 다른 이들이 한쪽 학살을 자행하였다.

이 풍부한 만남이라는 전통의 기반 위에서, 그리고 또한 그 전통을 퇴색시킨 어두운 일화들의 기반 위에서 우리는 환대와 이방성이 얼마나 서로 연결되어 있는지와 얼마나 하루

---

51) SOZOMÈNE, *Histoire ecclésiatique*, II, 4, p.247.

하루를 살아내야 했는지를 이해할 수 있다. 여기서 이는 단지 상식 밖의 행위들, 곧 특별한 상황들 속에 이방인이 우연히 찾아오는 것으로부터 방어하려던 행동들과 관련된 주제들을 말하는 것이 아니다. 그렇지 않다. 이는 우리가 우리의 이방성이라는 조건을 받아들이는 것에 대한 것이다. 이 이방성을 "타자"와 공유함으로써 우리는 일상에서 맞아들임과 환대를 수행하는 자가 된다.

아무튼, 우리 사회에서 진정한 환대는 실행하기 가장 어려운 자세 중 하나이다. 우리는 우리 앞에 나타난 이방인들에게 도움을 주러 갈 준비가 되어 있다. 그런데 우리는 우리의 지붕 아래, 우리 집안의 공간에 그들을 수용할 마음의 준비가 그만큼 되어 있는가? 만일 우리가 이방인들에 대해, 실질적으로 멀리서 그들을 지켜주며 곤궁에 처한 그들의 짐을 덜어주기 위한 몇몇 행동을 완수하는 데에 그친다면, 우리는 이방인을 맞아들임에 대해, 그 말의 충만한 의미로 말할 수 없다. 그 반대로 그들을 위해 "무엇인가를 하려" 하는 것보다 그들과 마주 하고 서는 것을 수용할 수 있어야 한다. 그렇다. 맞아들임은 "누구와 함께 서는" 능력, 우리의 일상 공간에 다른 이를 허용하는 능력이다. 우리 모두는 다른 이와 함께 하는 것, 그들과 대화하고 그들과 음식을 나누는 일이 인간으로서 우리 존재에 얼마나 본질적인 것인지 경험으로 알고 있다. 마찬가지로 진정으로 우리가 그러한 교제를 다른 이와 함께 할 수 있을 때 그는 우리 곁에 있는 한 인격이 된다. 그렇지 않으면 우리가 이방인과 맺게 되는 관계는 적의로 돌변하고, 타자를 적으로 만들 위험을 안은 채, 항상 한없이 깨지기 쉬운 상태로 남을 것이다.

이 책의 시작의 한 주석에서 나는 빵을 향해 가는 이들은 거의 언제나 가난한 이들이라는 것과 빵은 거의 언제나 가난한 이들이 있는 그곳으로 가지 않는다는 것을 보여주었다. 역사는 이를 명확하게 보여준다. 특히 우리의 역사적 현실에서 그렇다. 우리 땅을 향한 "가난한 이들"의 밀물과 마주해 그들과 관련한 자비를 실행하는 것은 확실히 우리의 의무이다. 그러나 지혜로운 자비가 필요하다. 일관성 없이 모두에게 맞아들임을 계속 제공한다면 우리의 너그러움은, 그것이 아무리 크다 할지라도 헛된 것이다. 우리에게 찾아온 이들과 관련해 우리가 실행하는 자비는, 그들이 우리 사회에 확실하게 속한다는 느낌 속에서 성장할 수 있도록 우리가 그들에게 우리의 문화적 정체성 속에서 우리를 알게 해주는 것이다. 또 때때로 우리의 문화적 정체성에 반응하게 해주는 여정에 그들과 연대하는 것을 거부한다면 진정한 것이 아니다. 이러한 상호 인식의 여정이 없다면, 우리가 아주 대범하게 그들의 의향에 따라 실행하는 것이 진정한 공동의 삶으로의 길을 열어주지 못한다.

  자주, 우리는 이러한 사람들이 우리의 집에 자리 잡도록 초대한다. 그러면 우리가 더는 떠맡지 않는 일들을 그들이 맡으니 우리는 행복하다. 하지만, 그들이 우리 '가운데' 자리 잡을 수 있게 자리들을 내주지 않으면서 그들을 수용하면, 우리는 그들을 게토(ghetto) 안으로 들어가도록 강요하는 것이다. 예를 들어, 만일 우리가 이 이방인 사이에서 태어날 이들이나 그들 중 곧 노인이 될 이들의 편입을 허용하는 현실적인 해법을 제공하지 않는다면, 우리는 그들에게 우리의 도시에서 완전한 주체가 되게 해주지 않는 것이며 울분과 불평등과 폭력이 쏟아지는 구역들을 만들어내는 것일 뿐이다. 그가 누구든지 다른 이의 다름을 맞아들임은 충만한 공유의 삶을 수용하는 데까지 가야 한다. 자비는, 그 자비가 일관성을 지니기를 원한다면, 그만큼 대가를 치러야 한다.

4. 타자에 대한 두려움을 넘어서

  다양성의 발견으로부터 발생하는 두려움의 반응을 진지하게 받아들이고 부정하지 말아야 한다는 것은 의심의 여지가 없다. 문화, 종교 그리고 윤리적 행동들을 통해 다르게 보이는 사람들은 우리에게 공포를 심어준다. 이는 사실이다. 여기서 다시 현실에서 유리되지 않기 위해 경각심과 지식이 필요하다.

여기서 관건이 되는 것은 이 두려움들의 기원이 되는 다름의 "특성"을 잘 구분해내는 것이다. 사람들이 이를 별로 말하지 않는다고 해도, 나는 윤리적 다름 앞에서 갖는 두려움이 오늘날 종교적 다름 앞에서 발생하는 두려움보다 더 결정적인 것이라고 생각한다. 그렇지만 사람들은 종종 종교적인 것에서 어떤 다름을 규정하는데, 이는 사실 윤리적인 질문들과 관련된 것이고 그러한 이유로 더욱더 공포를 조장한다. 유럽에서 사실 우리는 이미 종교적 차원에서의 만남과 대화, 상호 인정의 방식으로 긴 여정을 거쳐 왔다. 그러나 우리는 오늘날 새로운 현실과 마주하고 있다. 수십 년 전까지 유럽이 그리스도교의 사고방식에서 파생하고 평신도 윤리와 근본적으로 일치한, 하나의 유일한 윤리를 공유했다면, 오늘날 우리는 반대로 극도로 다양해진 윤리들과 맞닥뜨리고 있다. 이는 그리스도교 교회들 사이를 갈라놓고 있는데, 다른 종교에서도 또한 그렇다. 이는 믿는 이들을 믿지 않는 이들과 갈라놓고 또한 이러한 그룹들 안에서도 각자를 그렇게 하게 한다. 윤리는 이제 "가능한 것들"의 끊임없이 변하는 음계처럼 보인다. 사람들은 허무주의적이라고 – 그들에게는 어떤 원리도 어떤 윤리적 탄원도 필요하지 않다. 그리고 그곳에서는 각 개인에게 맡겨진 자유가 유일한 지배자로 군림한다.- 정의할 수 있는 태도에서, 엄격한 완고함이라는 윤리로부터 발생했지만, 마침내 근본주의의 색채를 띠는 태도들로 건너가고 있다.

개인적으로 나는 앞으로 몇 해 안에 특히 우리 서구 사회에서, 다수의 윤리 사이의 대결과 종교와 문화 사이의 충돌이 더 두렵다. 윤리 주제들에 있어 서로 다른 "진영들"이 서로 다르게 평가하는 문제들에 관한 법률을 제정하려 하는 매 순간 얼마나 강하게 부딪쳤는가 떠올려보라. 이러한 긴장은 두려움이라는 감정에서 발생한 것이다. 그렇지만 각자의 정체성이 명확해지자, 다른 종교의 신봉자들에 대한 두려움의 많은 부분이 이미 극복되었다. 그런데 윤리적 주제와 관련해 도덕 분야에서 - 예를 들어 가족에 대한 질문들에 관한 토론을 생각해 보라 - 개방적인 다름이 등장할 때, 각자는 개인적으로 위협받는다고 느낀다.

그것이 어떤 것이든, 우리가 "타자"라고 느끼는 그 앞에서 느끼는 두려움의 반응은 진지하게 받아들여야 한다. 다름들이 서로의 선택에 대한 진정한 고려 없이, 쉽게 기꺼이 동화할 것이라고 생각하는 것은 어리석음에 대해 증명하는 것이 될 것이다. 이 어리석음이 공격성과 폭력으로의 길을 여는 것이다. 그러므로 차분하고 진지하게 다름에 대해 숙고하고 그 다름을 평가하는 길을 모색하고 타자성 안에서 다른 이가 누구인지 깊이 있게 인식하는 것은 매우 중요한 일이다.

이 여정은 특별히 경청이라는 길고 힘든 경로를 지나간다. 그런데 우리는, 그리스도인 중에서조차 듣는 데에 거의 익숙하지 않다. 매우 자주, 물론 좋은 의도들로 우리는 다른 이가 스스로에 대해 말하는 것을 허용하지 않은 채, 우리 스스로를 기준으로 다른 이를 규정하는 쪽으로 끌려가고 있다. 그러나 다른 사람은 자신이 누구인지 말할 권리 또는 의무가 있다. 분쟁과 몰이해는 이 비경청의 행위에서 자주 발생한다. 다름으로부터 분출하는 공격성은 명확히 우리가 다른 이가 자신을 규정하는 것을 수용하지 않는다는 사실에 그 기원이 있다. 우리는 다른 이를 먼저 판단하거나 적어도 우리의 판단이 그의 고유한 규정과 일치한다고 주장한다. 이 몰이해의 요인은 어떤 형태의 대화도 최소한의 만남도 허용하지 않는다. 그러므로 이 길을 동반자들의 타자성과 그 타자성이 각자에게 심어준 두려움이 고려되고 극복될 수 있도록 매우 명확하게 각 단계들을 준수하면서 따라가기는 어려운 일이다.

이러한 관점에서, 그리고 교회적 영역으로 되돌아오기 위해 나는 마지막으로 그리스도인의 정체성 의식과 관련된 것을 명확하게 다루었으면 한다. 각자에게 자신을 규정하는 노고를 맡겨야 한다면, 또한 우리의 교회들 가운데에서 정체성들이 딱딱하게 굳어지는 상황들도 피해야 한다. 그리스도인은 다른 이들을 배제하고 아니 더 심한 경우 그들과 대립하여 자신을 이해하고자 하는 것을 거부해야 한다. 우리 정체성의 약점이나 불확실한 점을 드러내어 타자와의 접촉에서 모호함이 발생하는 것을 회피함으로써 그리스도인의 정체성을 심화시켜야 한다면, 그런 정체성은 단단해지거나 오만해진 것이다. 모두를 화해시키려 하고 모두를 같게 만들려는 평화주의를 거부하자. 왜냐하면 모든 신앙인이 동등하지 않고, 모든 믿음이 같은 하느님을 공유하는 것이 아니기 때문이다. 그리고 근본주의들과 다른 이들을 배제하거나 반대하면서 세워진 정체성들도 거부하자. 타인, 자신의 자리에서 더 단단해지는 그 타인의 앞에서 우리는 우리의 불확실함을 발견함으로써 부정이라는 폭력적 반응으로 쉬이 끌려가고, 자기 정체성의 확고함이라는 오만한 아집은 필연적으로 반대로 이끌어간다. 다음을 기억하자. 우리 그리스도인의 정체성은 이방인과 나그네(1베드 2,11 참조)의 그것이다. 어떤 그리스도인에게 있어 자신의 정체성을 펼친다는 것은 필연적으로 자신의 동반자와 함께 진리 안의 만남으로 뛰어든다는 것이다. 그리고 이 만남으로부터 우리 모두가 서로서로 이방인이라는 것이 명백히 드러날 것이다. 이 확실함이 우리에게 우리 앞에 나타나는 이들, 그들 자신도 그 기원에 있어 거의 다 이방인인 그들에게 우리를 개방하도록 해줄 것이다.

4장

환대 실천하기

4장 환대 실천하기

네가 맞아들이는 그 사람이 너에게 신이기를

타이티리야 우파니샤드, 1(Tatirya Upanishad, I)

손님은 친구와 같다, 모태 없이 태어난 자가 아니니

『오디세이』, 8(『Odyssey』, VIII), 546-547

이방인 손님에 대한 우리의 의무에 대해 생각해 보자. 우리는 이것이 가장 거룩한 약속들이라는 것을 말해야 한다. 이방인 손님에 대한 모든 소홀함은, 이웃 시민의 권리들을 침해하는 이들과 비교할 수 있는 것으로, 앙갚음하는 신적 존재를 향한 매우 큰 소홀함에 비견된다. 이방인은 사실, 그의 벗들과 그의 친족들로부터 떨어진 것처럼 동떨어진 자로 사람들과 신들에게 있어 가장 큰 사랑의 대상이다. 그래서 우리는 그만큼 조심해야 한다. 그만큼 우리가 어느 정도 신중함을 지니는 것은 이방인을 향해 어떤 실수도 행하지 않고 우리 삶의 끝에 도달하기 위한 것이다.

플라톤(Plato), 『법률』(『Nomoi』), 5부 729ㅁ-730ㄱ

중동의 반유목민 민족들이 사용하는 방식이며 마므레의 아브라함의 일화가 증언하는 방식을 따라 환대를 실천하는 것은 오늘날 언제나 더 어렵게 보인다. 모든 문화에서 거룩한 의무처럼 소개되는 고대의 관습은, 특히 우리가 "서구" 문명이라고 부르는 것에서 사라져가는 중이다. 이 현상의 원인들은 확실히 여러 가지다. 무엇보다도 환대 실천의 쇠퇴는 우리 사회의 소비적 특성으로 인해 촉발되고 있다. 오늘날 시장이 환대로부터 무상성을 제거하고 그것을 상업적인 것, 곧 비즈니스로 만들어버리며 스스로 환대의 주인이 되었다. 다양한 범주의 서비스를 제공하는 호텔 조직은 사실상 경제적 능력을 지닌 이들만이 접근 가능하다. 신용 카드를 소유하지 못한 이는 호텔의 방을 예약할 수 없다. 다소 비싼 호텔들에서 몇 걸음 떨어진 곳에, 공원의 벤치와 거리의 인도에, 자신을 보호할 것이라고는 신문지나 박스 조각뿐인 "노숙인", 그들이 언제나 더 많은 수의 무리를 이루고 있다.

다른 한편, 우리 사회에서 이방인에 대한 유형론을 장악한 새로운 형태에 대해 숙고해야 한다. 이 현존은 산발적이거나 한때의 것이 아니라 항구적이고 고정적인 것이며, 우리가 19세기 이래로 경험한 이민의 물결과는 달리 "복수형"이다. 복수형이라는 말은, 우리에게 찾아오는 이방인이 나라와 문화, 종교 배경이 우리의 것과 매우 동떨어졌으며, 서로 매우 다르다는 뜻이다. 그 결과 많은 '토착민'이 그들의 문화적, 종교적 정체성이 위협받는다고 느끼며, 자신의 고용과 안전을 염려한다. 그래서 마침내 이방인에게 두려움을 갖게 된다. 그렇다. 다른 사람에 대한 두려움과 우리의 것과 먼 문화적, 윤리적, 종교적, 사회적 형태들에 대한 거부는 마침내, 분명 우리 고유의 정체성을 지킨다는 핑계 하에 항상 더 빨리 우리를 '개인적' 공간으로, 고립과 다른 이에 대한 폐쇄로 밀어 넣어버린다.

이 멸시와 방어의 태도는 조금씩 우리의 관계에 영향을 미치는 쪽으로 흘러, 우리가 마침내 문자적으로 우리의 '이웃'이라고 규정할 수 있는 이들, 그러니까 '가장 가까운' 이들로 우리의 곁에 살며 우리의 언어와 문화를 공유하는 이들에게까지 환대를 더 이상 실행하지 못하게 하는 데까지 이른다. 그러면 우리의 집은 언제나 자물쇠, 현관문, 창살, 보안 장치, 감시 카메라, 울타리와 벽으로 보호받는 요새와 더 비슷해진다. 우리는 점차적으로 '타자', 곧 모르는 사람, 새로운 사람, 다른 사람으로 등장하는 이에게 편협하고 폐쇄적인 사고관의 희생자가 되어버린다. 그러면 우리는 마침내 환대는 우리가 초대하는 이들에게만 제한되는 것이라고 생각하게 된다. 초대받은 이는 더는 손님이 아니게 되고 우리가 그와 관련해 행사하는 배려들은 환대에 속하지 않게 된다.

타자는, 사실 진정한 타자는, 속으로 다음 차례에는 초대받으리라 생각하며(루카 14,12-14 참조), 우리의 집에 초대하려 우리가 선택하는 사람이 아니라, 우리가 그를 선택하지 않았음에도 우리 앞에 등장하는 사람이다. 그는 바로 우리에게 오는 그 사람으로, 여러 사건에 단지 밀려서 오는 자이며 우리 삶을 짜는 씨줄들에 얽혀 오는 자이다. "환대는 여러 길이 만나는 교차로"[52]이기 때문이다. 타자는 결코 바꿀 수 없는 자신의 다양성을 안고 자신의 말을 들어주기를 요구하는 존재로서 우리 앞에 서 있는 그 사람이다. 그가 어떤 다른 인종에 속하는지, 다른 신앙, 다른 문화에 속하는지는 중요하지 않다. 우리가 그를 맞아들이는 데에는 인간이라는 것, 그것이면 충분하다. 다른 말로 하면, '왜 환대를 제공하는가? 그것은 우리가 인간이며 인간이 되기 위한 것이며, 자기 고유

---

52) E. JABÈS, *Le livre de l'hospitalité*, paris, Gallimard, 1991, p.11.

의 인성을 인간화하기 위한 것이다.' 우리는 우리 각자가 세상에 온 존재인 한, 인간의 손님이라는 것을 의식해야 한다. 그렇지 않다면 환대는 수행해야 하는 의무들로 축소될 위험으로 치달을 것이다. 그러면 환대는 아마 윤리적 측면에서 의미 있는 몸짓에 속하겠지만 근본적으로 외적 차원에 위치하게 될 것이며, 타자의 인성을 맞아들임으로써 우리 인성의 완성이라는 인간의 심오한 소명에 대한 응답이 결코 되지 못할 것이다.

우리 자신을 우리 안에 있는 인간의 손님으로, 손님이지 주인이 아니라고 생각한다는 것은, 반대로 우리가 우리 안에 그리고 다른 이들 안에 있는 인간을 돌보는 것에 고약한 무관심과 공감의 거부에게서 벗어나는 데 도움이 될 수 있다. 공감만이 우리를 다른 이가 필요로 하는 데에 그와 함께 타협하도록 이끌어줄 수 있다. 가난한 이, 노숙자, 유랑자, 이방인, 거지, 박탈과 거부와 저버림, 무관심과 외국인 신분이라는 무게 때문에 인성을 모욕당한 이는, 내가 그의 굴욕과 수치를 나의 것으로 느끼기 시작할 때, 내가 그의 인성에 대한 모욕을 내 고유의 것으로 이해할 때, 받아들여질 수 있다. 그러면 무의미하고 비굴한 죄책감이나 위선적인 호감 없이, 환대라는 관계가 생성될 수 있으며, 그 관계는 내가 다른 이를 위해 할 수 있는 것들 모두를 할 수 있도록 나를 이끌어줄 것이다. 하지만 환대는 무엇보다 그것을 실행하는 이를 인간화한다는 것을 분명히 해야 한다. "다른 이 안에 있는 축복받고 동시에 타락한 인간성에 연민을 살아내지 못한 이는 진정한 인간이기를 아직 시작하지 않은 것이다."〔피에란젤로 세퀘리(Pierangelo Sequeri)〕

쟝 다니엘루(Jean Danielou)는 다음과 같이 썼다.

> 문명은 결정적인 한 걸음을, 아마도 그의 결정적인 걸음을, 이방인, 원수(hostis)라는 그가 손님(hospes)이 된 그날에 넘어섰다. 〔…〕 그날, 이방인 안에서 사람들이 손님을 발견한 그날에 사람들은 세상에 변한 것 몇 가지가 있었다고 말할 것이다.[53]

사실, 환대를 마음에 품고 살아가는 방식은 한 민족의 문명의 정도를 드러낸다. 맞아들이는 것, 그것은 적대감의 논리에서 벗어나는 것이고 잠재적인 적을 손님으로 만드는 것이다. 우리는 기술과 발전이라는 용어를 통해서가 아니라 인성의 수준과 사람의 인성에 대한 존중과 관련해 문명의 정도

---

53) J. Diniélou, "Pour une théologie de l'hospitalité", *dans La Vie spirituelle*, 367, 1951, p.340.

를 측정하는 것을 배워야 할 것이다. 그럼에도 우리가 그 어느 때보다 더 인간화를 이루는 것은 환대를 실행하면서이다. 이는 성 베네딕토가 현명하게 이미 이해한 것이다. 성인은 그의 「규칙서」에서 손님에게 '많은 인성'을 드러내라고, 인간에게 고유한 것을 손님에게 표현하라고 수도자에게 권하고 있다.

그렇지만 어떻게 이 까다로운 책무를 수행하는가? 수도 생활의 경험은 명확하게 '환대의 의무론'(deontologie de l'hospitalité)을 우리에게 제공해 줄 수 있을 것이다. 맞아들인다는 것이 다른 이를 위해 공간을 창출하는 것이며 다른 이에게 시간을 내주는 것을 의미함을 알게 됨으로써, 수도자들은 환대에 대해 그만큼의 주의를 기울이게 되기 때문이다. 그들은 환대를 항구적으로 가장 고귀한 봉사〔디아코니아(diakonia)〕가 되게 했다.

1. 문을 열어 놓기

우리의 "서구" 세계에서 집들은 언제나 더 고립되어 있다. 이는 집들 사이를 차지한 공간들로 인한 것이 결코 아니고, 집을 둘러싼 담장과 벽, 울타리, 철조망 때문이다. 우리가 사는 집 자체도 우리가 맞아들일 수 있는지 그럴 수 없는지를 말해주고 우리가 수용하는 환대의 형태를 가리킨다. 담과 울타리로 둘러싸인 집은, 다른 이들과 교제하지 않고 자신을 지키려 한다거나, 타자의 눈길을 피하려는 소유주 편에서의 의향을 드러낸다. 우리는 다른 이들이 우리의 공간으로 들어오는 것을 바라지 않는 것만 아니라, 그들에게 우리 집을 에워싸고 있는 공간이 보이는 것을 막고 싶어 한다. 현수막들과 게시판들은 장벽이 세워져 있다는 것을 상기시킨다. 각자 타자의 침입으로부터 보호할 필요가 있는 것은 사실이다. 혼자이든 가족과 함께이든 모두가 일정의 침묵, 수렴의 차원을 살기 위한 공간을 가져야 한다. "네 이웃과 너 사이에 울타리를 두어라. 만일 네가 그와 화목하게 살기를 바란다면 말이다." 옛 현인이 강변하는 말이다. 그러나 사생활의 보호가 결코 강박이 되어서는 안 되고, 다른 이들에게 행하는 공격으로, 넘어설 수 없는 장벽으로 변해서도 안 된다. 로버트 프로스트(Robert Prost)의 매우 아름다운 시 한 편이 이를 상기시키듯이 말이다.

> 난 언덕 너머의 내 이웃에게 알렸지.
> 그리고 우리는 어느 날 만나서 경계를 재고
> 그와 나 사이에 담을 쌓았지.

〔…〕
거기는 우리에게 어떤 담도 필요 없는 곳이었지.
그이네 집은 다 잣나무이고 내 집은 사과밭이었으니.
결코 내 나무들이 그의 편으로 넘어가서
그이네 잣을 먹으려 하지 않을 것이라고 그에게 말했지.
하지만 그는 "튼튼한 담장이 좋은 이웃을 만들죠."
라고 했네.
봄이 나를 뒤흔들어 놓네. 나는 이런 생각이 들었네.
내가 그의 머리에 한 가지 생각을 집어넣을 수 없을까?
"그런데 왜 그 장벽들이 좋은 이웃을 만들지요?
거기는 소들이 풀 뜯는 곳인데,
그런데 우리는 소가 없잖아요.
담을 쌓기 전에 생각해봐야 했어요.
내가 담 안이나 밖에 놓이게 한 것이 무엇인지
그리고 내가 누구에게 해를 입혔는지.
담장을 좋아하지 않는 무언가가 있어서
담장이 무너지길 바란다구요." [54]

---

54) R. FROST, *"Mending Wall"*, dans North of Boston, 1915, repris dans The Poetry of Robert Frost : *The Collected Poems Complete and Unabridged* E. C. LATHEM(éd.), New York, Holt, 1979, p.33(traduction de l'éditeur).

분명히 맞아들이기 자체를 위해서는 문턱이 필요하다. 이 것이 없으면 '다른' 공간으로 받아들여진다는 느낌이 없을 것이다. 또 문턱은 맞아들이는 사람에게도 중요하다. 일종의 '그에게' 속한 공간이라는 느낌을 주기 때문이다. 그런데 문턱이 무언가라면, 담장과 울타리는 다른 어떤 것이다! 문턱의 의미를 이해하기 위해서는 우리가 기초적으로 언제나 스스로를 이방인처럼 이해해야 한다. 우리는 '이방인은 우리 자신 안에 있다.'는 쥴리아 크리스테바의 말을 기억하고 있다. 그리고 성 아우구스티노는 이미 이렇게 썼다. "진정한 그리스도인은 자신의 집에서조차 순례자로 자신을 인식하는 사람이다." 그러므로 '이방성'이 우리 안에 자리하고 있다는 것을 의식하면, 우리는 우리의 집, 곧 맞아들이는 장소 또한 낯선 이들과 관계를 만들어 갈 수 있는 장소로 만들 수 있을 것이다.

맞아들이기에 쓰이기로 예정한 이 공간을 특징짓는 몇 가지 요소가 있다. 이는 무엇보다 간소함으로 구별되는 주변 환경이다. 산만하고 피곤하며 흐트러진 물건들은 과도한 장소를 만든다. 무미건조한, 수용하는 사람의 개인적 특성의 표지들을 없앤 장소를 만들지 않으면서도 물건들, 여행 기념품들, 훌륭한 귀중품, 예술작품의 전시장으로 탈바꿈시키는 것을 전적으로 피해야 한다. 안정을 느끼게 해주고 동시에

편안하게 하는, 그렇지만 사람들이 그 위에 주저앉지는 않는 몇 개의 안락의자, 깔개 하나, 기호에 따른 낮은 탁자 하나면 '맞아들이는 공간'을 창출하기에 충분하다. 다음은 내 경험이다. '불친절한 장소들', '비-장소들'은 이런 장소들이다. 습기가 벽을 타고 오르고, 사치스럽지만 다른 계절에나 어울리는 집기로 꾸며진 어두운 침실들은 누구도 '살지' 않았다는 것을 드러내고 있었다. 그 방들은, 우리가 만난 다른 편 탁자에 앉은 사람이 있던 곳으로 마치 사무실 같았다.' 아니다. 맞아들임은 탁자 위에 꽃병을 놓고, 다른 사람의 곁에 마주하는 방식으로가 아니라 옆으로 돌아앉으라고, 손님이 그의 시선을 다른 곳으로 돌릴 수 있도록 하는 방식으로 자리를 잡을 것을 요구한다.

　수도원 전통은, 동방에서나 서방에서나 언제나 맞아들이는 공간을 창출하려고 노력해 왔다. 이 공간은 우리가 손님을 인도해 집과 빵을 충만하게 나누기 전에, 문턱의 손님을 수도원 내부에까지 "동반하도록" 해준다. 그곳은 도착한 사람이 맞아들여진다는 느낌을 받을 수 있게 하는 공간이며, 바로 그 순간에 그가 '다른' 공간, 곧 몇몇 순간과 일정 면면을 나누기 위해, 주어진 삶을 '다르게' 영위하는 '다른' 사람들의 공간의 입구에 있다는 것을 알아보게 하는 공간이다. 구원이 일어나는 것은 바로 이 "문턱"에서이다. 맞아들이는 사람이 그가 받아들이는 이를 향한 명료함과 조심스러움을 드러내며 그 손님을 만나러 가는 것은 바로 거기에서다. 「베네딕토 규칙서」는 아빠스가 몸소, 형제들과 함께, 빨리 손님에게 가라고 요청한다. 이는 "전적인 애덕에서 오는 성의로"[55] 그 손님을 맞기 위한 것이다. 그들은 머리를 숙이거나 그 앞에 엎드리기까지 해서 겸손하게 손님에게 인사하게 된다. 이는 손님의 인격 안에서 맞아들여진 그리스도를 경배하기 위한 것이다.[56]

그렇다. 인사는 형식주의를 피해야 한다. 인사가 소통의 첫 몸짓이기 때문이다. 이러한 이유로, 인사는 손님에게 환영한다는 것을, 그의 도착이 기쁨을 일으킨다는 것〔신약성경에서 만나는 그리스어 인사 'chaIre'(기뻐하십시오)를 생각하자〕을, 그것이 진정한 축복을 상징한다는 것〔히브리어 인사(shalom)을 생각하자〕까지 표현해야 한다. 이러한 태도가 늘 자발적인 것은 아니다. 도착한 사람의 의외의 성격, 우리의 습관, 불신, 또는 새로 온 자의 외모나 행동은 이 "새로움"에 대해 우리의 반감을 불러올 위험이 종종 있다. 그럼에도 환대는 기쁜 소식으로서 인식되어야만 한다!

---

55) *Cum omni officio caritatis: Règle de saint Benoit*, 53,3.
56) 같은 책, 53,6-7. 참조

그리스도인의 맞아들임에는 또한 다음과 같은 신앙에서 유래하는 확신이 있다. 곧 손님 안에 그리스도 그분께서 현존하신다는 것이다. 그분 자신이 이를 다음과 같이 말씀하셨다. "너희는 내가 나그네였을 때에 따뜻이 맞아들였다."(마태 25,35) 손님 앞에 몸을 숙이면서, 그 앞에 엎드리며, 우리는 타자를 맞아들이려는 '의지'를, 우리가 종속하는 사람에게 복종을 표현한다. 이는 그 순간의 경향이나, 눈앞에 있는 이가 아는 사람인지 모르는 사람인지, 찾아온 이가 우리를 기쁘게 하는지 아닌지에 달려 있지 않다. '우리는 도착한 사람을 알기 전에, 그를 평가하기 전에, 그가 왜 왔는지 자문하기 전에 그를 맞아들이기로 선택한다.' 그가 어떤 이든지, 그의 현존은 언제나 하나의 "기회"이며, 좋은 순간이며, 환대의 풍요로운 신비를 살 수 있는 행운이다. 우리는 그렇게 해서 자신의 고유한 맞아들일 수 있는 능력과 이러한 능력의 뿌리를 발견한다. 그것은 우리 또한 존재로 나아왔다는 그 사실로 인해 받아들여졌다는 사실이다. 행복하다, 풍요롭기에, 환대는 조용한 기다림을 먹고 자란다. 그래서 기다림과 침묵은 그 자체가 환대이다!

2. 경청하기

손님에게 인사하고, 들어오게 하고 자리에 앉게 한 다음, 그의 말을 들어야 한다. 그가 하는 단어들을 듣기 전에, 무엇보다 먼저 그 타자의 '현존'을 들어야 한다. 이는 그가 필요로 하는 것이 무엇인지 식별하기 위한 것이다. 듣는다는 것은 타자를 위해 '시간을 쓴다는 것'과 타자에게 '말을 건네는 것'을 의미한다. 이는 우리 고유의 다정하고 수용적인 존재라는 선물을 통하여 인격의 심오한 맞아들이기에 자신을 내맡기는 것이다. 이는 타자에게 철저하게 예라고 말하는 것이고 자신을 그에게 맡기는 것이고 동시에 그가 말하게 해주고, 그가 자신의 역사를 말하도록 내버려 둠으로써 그의 역사를 나누도록 해주는 것이다. 가끔 맞아들여진 이는, 특히 그가 이방인이라면 말하기 힘들어하고, 자신이 다른 언어를 한다는 것을 보여주며 자신을 표현하는 것이 불가능한 것처럼 가만히 있는다. 듣는다는 것은 그러므로 원초적이고 근본적인 책무다. 손님이 소통하고자 하는 것을 들어야 한다. 그래서 진정한 들음은 언제나 복종의 차원 또는 순응의 차원을 지니고 있다. 우리는 새로 온 이에게 곧장 질문을 퍼붓는 것으로 대화를 시작할 수 없다. 우리가 우리 자신의 틀과 욕구 안으로 타자를 곧바로 들어오게 한다면 우리는 만남을 이룰

수 없다. 진실로 듣기 위해서는, 우리 안에 이전에 쌓인 모든 말을 침묵하게 해야 하며, 내적 소음들을 멈추게 해야 하고, 타자의 말이 완전히 명확하게 들릴 수 있는 침묵의 공간을 창조해야 한다.

  듣는다는 것은 또한 타자가 우리 안에 불러일으킬 수 있는 두려움에 맞서는 것을 의미한다. 이 감정이 조롱받거나 억제되어서는 안 된다. 이 감정은 사실 드러나는 것이기 때문이다. 이는 타자에 대해 일부분을 모르는 채 그와 만나는 것으로, 그는 내게 불확실함과 두려움의 원천이 된다. 여기에서 내 안에서 발생하는 것에 대해 아는 것이 중요하다. 그래야 타자에게서 발생하는 것에 대해서도 알아보고 들을 수 있기 때문이다. 타자 또한 두려워하고 주저하며 확신을 갖지 못하고 있다. 다양성, 곧 받아들이는 사람과 손님 사이의 거리는 실제적이다. 그리고 두 사람 사이는 그 거리를 줄임으로써가 아니라, 구체적으로 우리의 정체성과 낯선 손님의 정체성이 마주치는 속에서, 말을 걸어오고 대답을 요구하는 질문들을 던지는 실재로서 그를 맞아들임으로써 만남에 이른다. '이방인은 우리가 그의 말을 들을 때 더 이상 이방인이 아니다.' 그는 결코 바꿀 수 없는 자신의 다름을 지닌 채로 있지만, 우리에게는 공통적인 인성(人性)이 있다. 우리는 두 "손님"(그토록 많은 언어가 이 용어를 환대에 있어 '능동적' 주체와 '수동적' 주체를 지칭하기 위해 사용한다는 것은 우연이 아니다.)이 상호 인식과 대화의 길을 여는 방식을 통해 무엇보다 자신들 고유의 인성(humanitas)을 보여주어야 한다고, 곧 들어야 한다고 말할 수 있을 것이다.

듣는다는 것은 결코 수동적 자세가 아니다. 이것은 매우 능동적이다. 이는 하나의 선물로, "귀를 내주다"는 표현이 이를 잘 드러내 준다. 듣기는 맞아들이는 이의 주의와 그 앞에 있고자 하는 의지를 포함한다. 그렇기에 듣기는 많은 에너지와 의지의 강한 힘을 요구한다. 듣는다는 것은 사실 타인의 말에 무게와 신뢰를 부여하기 위해 자기 자신을 입 다물게 하는 것이다. 우리는 타인의 말을 헛되이 듣지 않고, 타인이 나를 만나게 내버려 두어야 한다. 그러므로 '듣는다는 것, 그것은 우리 자신의 내부에 온 손님으로서 타인을 맞아들이는 것이다.' 그것은 타인을 수용하는 것이고 그를 이해하는 것이며 우리 안에 자리를 잡게 하는 것이다.[57]

---

[57] 마태오 복음서 19장 12절에서 만나는 그리스어 표현이 이와 관련해 잘 표현하고 있다. 이것은 맞아들여야 하는 '다른' 말씀에 관한 것으로 일반적으로 다음과 같이 옮긴다. "받아들일 수 있는 사람은 받아들여라." 그런데 문자적으로 이는 다음을 의미한다. "자리를 내줄 수 있는 자는 자리를 내주어라." (동사 Chorein)

3. 판단의 유예

　그러므로 진정한 듣기는 우리가 자신의 전제들을 포기하기를 요구한다. 그러나 각자는 전제들을 갖고 낯선 사람과 대면한다. 자신의 특성과 자기의 표현 양식을 지닌 낯선 사람, 곧 손님의 인격은 대체로 먼 과거와 여전히 정화되지 않은 집단 기억으로부터 물려받은 성격 규정과 대중적 기준들이라는 바탕 위에서 쉽게 판단 받는다. 예를 들어, 이탈리아 사람에게, 어떤 이를 '독일인'이나 '터키인'이라고 분류한다는 것은 일상 언어에서 떠도는 부정적 유형(類型)들이 옳다고 수동적으로 인정하는 것을 의미한다.

　반대로 '손님'의 말을 듣기 위해 이러한 형태의 타인에 대한 '독법'을 침묵하게 하고 판단을 유보하고, 자신의 지적인 에너지와 여러 다른 에너지 전체를 투입하는 것이 맞다. 그스스로 자신에 대해 말하고, 그가 드러내는 것을 드러나게 하며, 그가 생각하기에 아직 드러낼 때가 아니라고 생각하는 것은 자신을 위해 남겨두면서, '그가 누구인지' 말하는 것은 그의 몫이다. 우리는 우리 신앙이나 우리의 문화, 우리의 정치적 관점에 따른 패러다임과 확신으로부터 그를 정의해서는 안 된다. 참으로 듣는다는 것은 귀를 만지는 단순한 태도가 아니다. 그것은 또한 그리고 무엇보다 마음의 태도이다.

4. 공감(empathie)과 동정(sympathie)

우리가 자신의 판단을 유보하려고 노력하는 순간에, 우리는 본질적으로 타인을 '동정'(sympátheia)하려는 경향이 있다. 이방인, 가난한 사람, 낯선 이라는 손님들이 언제나 '아름답게' 나타나지 않는다. 그들이 찾아오는 것이 강하게 끌리지 않고, 그들과 관련해 동정심을 갖게 만드는 매력이나 호기심이 꼭 생겨나는 것도 아니다. 그들의 타자성으로 손님들은 참으로 '다르고' 때로 우리와 반대일 수 있다. 동정의 태도를 지닌다는 것은 – 인류학자 브로니스와프 말리노프스키(Bronislaw Malinowski)의 표현을 취한다면 – 타인을 이해하지 못한다는 것을 받아들이면서도 전적으로 자신의 감정을 공유할 길을 찾는 것, 곧 "적극적으로 참여하는 관찰"을 행동으로 옮기는 것을 의미한다. 타인 곧 손님의 진리는 나의 진리와 같은 정당성을 지닌다. 그렇다고 이 말이 진리가 없다거나 모든 진리가 가치를 지닌다는 것을 의미하지 않는다. 아니다. 각자는 자기 고유의 진리를 정당하게 드러낼 수 있고 각자는 겸허하게 자신의 진리를 책임져야 하며, 각자는 타인들과 마주치고 진리를 받아들일 준비가 되어 있어야 한다. 이 진리는, 우리의 삶이 그 위에 기초하고 있고 의미를 찾게 되는 진리가 우리 고유의 진리라는 확신을 지닐 때조차도, 언제나 우리를 앞서고 우리를 완전히 넘어선다.

분명히, 동정은 공감을 포함하고 있다. 공감은 우리를 타인에게로 밀어내는 마음의 충동이 아니라 우리를 타인의 자리에 놓고 그를 내부로부터 이해하는 능력이다. 공감은 손님과 그를 맞아들이는 이의 인성(humanitas)과 연결된다. 공감은 기쁨과 고통, 건강과 질병, 생명과 죽음의 경험 속에서 공유되는 인간성이다. 바로 이것이 우리 모두를 닮게 하는 것이며, 우리 안에서 공감의 능력을 만들어내는 것이리라. 공감은, 존재는 본질적으로 결코 고립된 것이 아니라는 지각으로부터 규정된다. 공감은 소통과 타인의 존재에 대한 의식으로만 존재한다. 이 공감이 인간의 연대성이라는 보편적 범주를 구성한다. 이 연대성을 일부 아프리카 주민들은 '우분투'(ubuntu)라는 용어로 표현하는데, 우리는 이를 다음과 같이 옮길 수 있다. "한 사람은 다른 사람들을 통해서 그렇게 된다." "나는 다른 이들과 함께 나다." "타인들을 향한 인성". 자기중심주의, 부관심, 냉소주의, 적개심은 이 감각으로 극복된다. 우리는 외국인 혐오에서 외국인 호감으로, 이방인에 대한 두려움에서 그를 향한 사랑으로 나아가며 이렇게 타인에게 자리를 내준다.

이 점에 있어서 또한 환대는 극단적이게도 깨어질 위험에 처한다. 환대는 평등과 보호, 재화의 공유를 지향한다. 그러면 개인의 소유권이 공간과 음식을 공유하는 하나의 공동체를 위해 희생되기 때문이다.

5. 대화

동정과 공감은 손님과 그를 맞아들인 이 사이에, 변화와 상호 성숙의 풍요로운 대화 가능성을 열어준다. 대화, 우리는 결코 그 대화에 들어갔을 때와 같은 모습으로 나오지 않는다. 그리고 대화라는 도전은 이러한 과정을 만들어내는 유연성을 담고 있다. 대화 속에서 타인의 새로운 전망들이 떠오른다. 선입견들의 종결이 다가온다. 우리는 우리가 공통으로 가지고 있는 것을 발견하지만 또한 두 대화자 각자에게 부족한 것도 발견한다. 대화에서 두 얼굴이 서로 마주한다. 엠마누엘 레비나스(Emmanuel Levinas)에 따르면, 우리와 마주한 얼굴은 우리에게 말을 걸고, 우리를 살펴보고 우리의 관심을 불러일으키는 낯설지만 동시에 친근한 영역이다. 이는 타인의 얼굴과 함께 자신을 드러내고 보여주고 얽혀드는 일종의 인격의 경계이다. 두 얼굴을 분리하는 중계 공간은 누구에게도 속하지 않지만, 우리가 이를 풍요롭게 하기 위해 맞아들임과 인식의 말로 가꾸어주기를 기다리고 있다. 이것이 대화의 장이다. 그리고 대화에서 경계의 침습, 곧 그 변천이 이루어진다. 내가 동떨어진 차원에 위치시킨 그 타자가 내가 상상했던 것보다 나와 훨씬 더 가깝고 더 닮은 모습으로 자신을 드러낸다. 경계는 더 이상 분쟁이나 오해의 장소로서가 아니라 정화와 만남의 장소로서 자리한다. 우리에게 한 집의 문턱을 넘어서길 요구하던 환대는 더 깊이 들어가 인간 사이의 만남으로 변화한다.

분명히, 만일 우리가 타인에게서 어떤 것도 기대할 게 없으면 대화는 태어나기도 전에 죽어버린다. 자기 자신을 만족시키도록 이끄는 자만은, 타인에 대한 부정으로 이는 타인을 소유물로 취급하는 것이거나 그를 보거나 고려하는 것을 거부하는 것이다. 그러나 우리가 타인의 현존을 수용하면, 더 나아가 우리 안에 실재하는 그의 흔적들을 인정하면서 타인을 '내적 손님'으로 맞아들일 준비가 되어 있다면, 진정한 대화를 위한 불씨가 일어난다. 그러면 우리는 타인에게 시간을 내주게 되고 주고받는 말들은 상호 선물이 된다. 대화(diá-logos)는 사실 '다른 말'이 통과하도록 하는 '말'이다. 이는 언어와 의미와 문화가 뒤섞이는 것이다. 타인의 질문들은 나의 것이 되고 그의 의심은 나의 확신을 뒤흔들고 그의 신념들은 내 신념들에 질문해 온다. 그러므로 우리는 대화에서 우리가 이전에 전혀 갖지 않던 생각들을 표현하는 데까지 도달하고 있음을 발견하게 된다. 우리는 그 생각들을 들어본 적이 없지만, 동시에 친숙하다고 느끼게 되는 대단히 흥미로운 인식을 거쳐 마침내 그냥 지나쳐버리려 했던 실재들을 우리가 이미 오래 전부터 갖고 있었다는 데까지 도달하게 된다.

　손님이 '다른 곳에서' 오는 선물을 드러나게 하는 것은 바로 이 대화에서, 각자가 그 자신으로 남고 동시에 '타인'이 되는 위험을 수용하는 이 특별한 자리에서이다. 손님은 우리 존재에 대한 참신한 관점에 대해 발견하게 해준다. 낱말들과 몸짓을 통해 손님은 우리 안에 자리한 내면성을 드러나게 한다.

6. 우리가 지닌 것을 내어주기

　손님, 그는 대화를 통해 자신의 말을 나의 말과 교차시키는 하나의 인격이 된 다음 또한 본질적인 선물, 곧 '음식'의 수신인이 된다. 음식이 주어지는데, 이 음식은 자주 기본적인 세 가지 식재료로 요약된다. 필수적인 빵과 무상의 포도주, 배려의 기름이 그것이다. 자신의 음식을 손님과 나눈다는 것은 분명히 환대를 기념하는 것이 된다. 이는 손님에게 다음과 같이 말하는 것을 의미한다. "저는 당신을 사랑합니다. 나는 당신이 살기를 바랍니다. 그래서 저는 당신에게 먹을 것을 내줍니다." 몸짓의 단순함은 대화에서 말해지지 않은 것을 표현하게 한다.

여기서 중요한 것은, 자신의 여유분이 아니라 살아가기 위해 자신에게 필요한 것을 성전의 헌금함에 던져 넣은 가난한 과부(마르 12,41-44; 루카 21,1-4 참조)처럼, 우리가 가진 것을, 자기 자신의 "생존"을 내어준다는 것이다. "들어요, 먹어요, 함께 먹읍시다. 나를 살게 하는 것, 내게 영양분을 제공하는 것은 또한 당신을 살게 하는 것이요, 지나온 길로 지친 당신에게 기운을 되찾게 해주고 시작하려는 길에서 당신의 힘을 돋게 하는 바로 그것이에요."

그러니까 맞아들이는 사람의 태도를 구분하는 첫 번째 요소는, 사람들에게 마실 것과 먹을 것을 건네는 몸짓이다. 우리는 지중해 나라들에서 물 한 잔이나 커피 한 잔을 제공하는 것을 환대에 있어 가장 자연적이고 가장 즉각적인 몸짓 중 하나로 생각한다는 것을 알고 있다. 그러나 오늘날, 우리 사회에서 식탁이 여전히 가정을 구성하고 그 가정을 환대하는 곳으로 만드는 중심이며 극점(極點)인가?

문명화의 발전에서 처음 등장했을 때부터 식탁은 음식을 먹기 위해 만들어진 장소로서만이 아니라 소통을 위한 장소로 나타났다. 요리들이 '말하지' 않는다면, 그 요리들은 단지 공격성과 폭력과 모욕을 제공할 뿐이다. 손님과 함께하는 식탁이 음식을 나누는 공간이라면 거기서 먹는다는 것은 생명의 친교를 이루는 '연회'가 된다. 사람들은 오늘날 음식을 연료로 생각하고 식사를 보급으로 생각하는 경향이 있다. 그래서 사람들은 서서 먹고, 아무거나 아무 때나 먹고, 때로 다른 이들 곁에 있지만 함께하지 않으며, 말없이, 소통 없이, 어떤 순서도 없이, 일관성도 없이 먹는다. 그러나 이러한 야만은 진정한 환대의 실천과 이질적인 것이며 진정한 인간성과 이질적인 것이다. 인간화는 무엇보다 식탁을 통해, 곧 음식에서 요리로, 접시의 선택으로 배고픔의 충족에서 축제의 장소로서 식탁을 이용하는 것으로 옮겨가게 한다. 이 식탁, 바로 나눔의 식탁 둘레에서 인간은 매번 새로이 '걸신들린 자'라는 자신의 품성에서 — 음식에서 그리고 타인과 자신에서 — 해방되고, 하루하루 다시금 친교의 인간이 된다.

식탁은 인간이 그 둘레에 모여 우정을 맺고 집단을 이루고 계약의 규정들을 정하기 시작하는 장소이다. 이는 전형적인 친교의 행위이다. 먹는다는 것, 이는 상징체계로 가장 많이 채워진 인간 행동이다. 같이 먹는다는 것, 손님에게 자신의 음식을 제공한다는 것은, — 먹는다와 기억한다는 사건을 연결해주는 밀접한 관계가 형성된 다음에 — 이는 타인을 우리와 극도로 깊은 친교로 들어오게 하는 것을 의미한다. 사실,

"우리는 우리 어머니가 우리에게 먹으라고 가르쳐 준 것을 먹는 것"만이 아니라, "우리는 어머니를 사랑하고 또한 우리 삶이 지속되는 동안 어머니를 사랑할 것이다. 우리는 우리의 추억과 함께 먹는 것이다. 〔…〕 우리는 우리의 어린 시절에 인상을 남긴, 가장 안정적이고, 애정과 의식으로 양념한 우리의 추억을 먹는다고 매우 분명하게 믿는다."[58]

우리 모국 문화, 곧 우리가 그 안에서 양육된 문화를 위해 또 우리가 우리의 손님에게 제공하는(또는 그가 우리에게 제공하는) 지역이나 나라의 특별한 요리를 위해서도 이는 가치가 있다. 그리고 우리는, 우리가 손님이 되었을 때 우리에게 주어지는 음식이 우리에게 영감을 불어넣어 주는 맛이나, 우리가 맞아들인 이에게 내놓은 요리들 앞에서 타인이 보여주는 반감들을 발견함으로써 우리가 얼마나 특별한 역사에 뿌리내리고 있는지 그리고 타인과의 만남을 향한 여정이 얼마나 길고 수고로운지 이해하게 된다.

---

58) L. MOULIN, *L'Europe à table. Introduction à une psychosociologie des pratiques alimentaires*, Paris-Bruxelles, Elsevier Séquoia, 1975, pp.10-11.

7. 다른 곳에서 와서 다른 곳으로 가는 환대

　대화 속에서 말을 나누면서 그리고 식탁에서 식사하면서 손님에 대한 새로운 이해가 나온다. 이방인이던 이, 그가 어디에서 온 것인지 모르던 이, 그의 말을 이해하기 힘들던 이가 이제부터 친근한 인물이 되고, "우리의" 세계를 구성하는 인물들과 세계의 집단에 속하게 되었다. 이는 닮음과 다름, 관습과 새로움, 이어받은 전통과 새로운 여정으로 이루어진 것이다.

　그리고 이 환대의 '사회화적' 요소를 잊어서는 안 될 것이다. 우리 중 한 사람이 어떤 타인을 맞아들일 때 사실 그는 결코 혼자가 아니다. 그것은 토마스 머튼(Thomas Merton)이 시인 존 던(John Donne)을 인용하며 상기시키듯이 "어떤 사람도 섬이 아니기" 때문이다. 그래서 내가 타인을 맞아들일 때, 항상 나의 역사, 그 역사를 지나간 인물들, 그 역사를 유발한 만남들, 역사의 방향을 이끈 문화가 나와 함께 있는 것이다. 유사한 방식으로 받아들여진 손님은 더더욱 동떨어진 개인이 아니다. 그는 결코 홀로 등장하지 않는다. 그는 자신과 함께 자신의 과거, 그에게 고통이나 기쁨을 준 인물들과 역경들, 그의 희망과 환멸, 그가 기대하는 미래와 그가 모르는 미래를 동반한다. 그렇다. 비록 환대가 단지 두 인물만이 마주하도록 할지라도 환대는 여전히 전형적인 공동체의 자리로 남는다. 두 시선의 교차와 두 얼굴의 대화를 통해 마주하는 것은 바로 두 세계이기 때문이다.

환대는 하나의 선물이다! 맞아들여 지는 자를 위한 선물이며 맞아들이는 이를 위한 선물이다. 분명히 환대는 단지 하나의 단계일 뿐이다. 환대는 어떤 결정적인 상황으로 표현될 수 없다. 왜냐하면 환대가 말을 거는 것은 언제나 집이나 도시의 입구에 나타난 잠정적인 새로운 대화상대이기 때문이다. 손님이라는 조건은 그 사람이 머물지 않는 사람이라는 것이다. 그렇지 않다면 손님은 하나의 구성원이 되어버리고 이방인, 타인, 나그네라는 자신의 특성을 잃어버리게 된다. 환대는 통과 의례이며 한 공간의 일시적인 공유이다.

의식적으로 환대를 실천한다는 것은 그 순간부터, 자신과 함께, 기대하지 않았던 선물을 끌어들이는 것이다. 우리가 그것을 거의 알아차리지 못하지만, 마침내 우리 집에 그리고 우리의 마음에 타인의 자리를 만들어 줄 때, 그의 현존이 우리에게서 삶의 공간을 빼앗지 않고 우리의 주거와 우리의 지평을 확장해준다는 것을 발견하게 될 것이다. 마찬가지로, 그의 떠남은 우리에게 공백을 남기는 것이 아니라, 우리의 마음을 부풀게 하여 우리 마음이 온 세상을 끌어안을 수 있게까지 할 것이다.

이태리어판
ERO STRANIERO E MI AVETE OSPITATO, By Enzo Bianchi

ⓒ 2006-2015 RCS Libri S.p.A. / Milan
ⓒ 2016-2017 Rizzoli Libri S.p.A. /BUR, Milan
ⓒ 2018 Mondadori Libri S.p.A. / BUR, Milan

이 책의 제3장 "모든 이방인, 서로 맞아들이도록 부르심 받은 이들"은 예수회의 난민을 위한 사업 25주년을 맞이해, 2006년 12월 7일, 로마 그레고리안대학에서 이태리어로 한 강연을 수록한 것이다.

불어판
"Tous étrangers, appelés à s'accueillir", *J'étais étranger et vous m'avez accueilli* By Enzo Bianchi
ⓒ 2008 Édition Lessius
Published with the kind permission of Éditions jésuites
- www.editionsjesuites.com

너희는 내가 나그네였을 때에 맞아들였다

교회인가 2022년 12월 1일 천주교 의정부교구장 이기헌 주교
인쇄일 2022년 12월 13일 초판 1쇄 발행
지은이 엔조 비앙키
옮긴이 이용권
펴낸이 강주석
삽 화 구민정
펴낸곳 가톨릭동북아평화연구소
주 소 경기도 파주시 탄현면 성동로 111
전 화 031-850-1501~3
팩 스 031-850-1581
전자우편 publ-cinap@hanmail.net
등 록 제406-2018-000071 (2018년 6월 18일)

ISBN 979-11-92063-03-4(03230)

한국어판 ⓒ 가톨릭동북아평화연구소. 2022.
성경 ⓒ 한국천주교중앙협의회. 2022.

* 이 책 내용의 전부 또는 일부를 재사용하려면 반드시 저작권자와 가톨릭동북아평화연구소 양측의 동의를 받아야 합니다.

* 책값은 뒤표지에 표시되어 있습니다.